当一天优秀的人

RICK
PASTOOR

XII

IV

VI

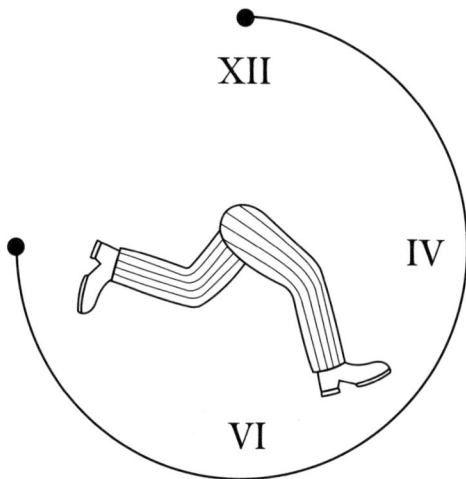

[荷] 瑞克·帕斯托————著

庄惠敏—————译

四川文艺出版社

果麦文化 出品

目录 | CONTENTS

今天开始这样想问题

引言：

用好一天，就是优秀

工作在人生中扮演着重要角色。但奇怪的是，公司的管理者经常要求业绩，却很少教我们如何工作。好像我们天生就该奇迹般地知道如何区分轻重缓急、安排日程、做好计划、忙中有序。

这些技能听起来简单，实则不然。

或许你也和我一样，常常发现工作进展不尽如人意。一周才刚开始，进度就已远远落后；漫长的一天即将结束，但仍有一大堆邮件尚未回复；日程排得满满当当，长长的待办清单一眼望不到头……这些足以让人意志消沉，失去对工作的掌控感。于是，崩溃感便排山倒海而来。在这种状态下，怎么可能扭转局面，把工作做好呢？难怪你无法达成自己设定的目标、交出满意的答卷，更无法实现自我提升。的确，你工作很努力，但是取得了什么进展吗？

这些我都经历过。

我在布兰道公司（Blendle）担任过近 6 年的产品负责人，那是一家荷兰企业，因创新了新闻业的经营模式而声名大噪。25 岁那年，我卖掉了自己创立并运营了 6 年的软件代理公司，作为程序员加入了还在初创阶段的布兰道公司。后来公司势如破竹，成功引入了《经济学人》和《华尔街日报》这样的大刊，还获得了德国报业大亨阿克塞尔·施普林格和《纽约时报》的支持。与此同时，团队急速扩张。入职 9 个月，我就开始管理一支 30 人的工程师团队。我的职责是确保团队能够源源不断地产生新鲜想法并落地实现。这就意味着我既要引导团队面对复杂的技术与组织问题，寻找解决方案，又要不断做出决策，还得招聘新人。和许多人一样，我每天也需要平衡工作中的各个重要事项，毕竟事情总是要一件件做。

很快我就发现：做自己愿意做的或当下突然想到要做的事，并不能取得真正的进展。工作越忙，我就越意识到需要寻找一种全新的工作方法。为此，我进行了多年的试错，最终总结出了一套合适的方法论。

我阅读过大量介绍工作方法的书籍，包括戴维·艾伦的《搞定》和卡尔·纽波特的《深度工作》，从中得到诸多启发，受益匪浅。但什么时候应该采用哪种方法，则是一门艺术。不能掌握这门艺术，就像手上抓了一堆螺丝刀、钳子、铁锤，却不知道它们有什么用，更别提什么时候用、怎么用了。所以，许多人学着学着就用回了旧工具。我都数不清自己重蹈覆辙了多少次，但心里知道一定有更好的方法、更巧妙的手段，来灵活应对每天的突发状况。

慢慢地，我把各种现成方法联结起来，找到了自己的一套方法论。它能帮助我应对每天的信息轰炸，搞定重要工作，让早上制订的工作计划到下班时百分之百完成。我还发现，这套方法不仅对我个人奏效，我的朋友和同事使用后生活也发生了变化，这实在令我振奋。

近两年，越来越多的人想了解这套方法，因此我决定将其整理成书。这本书的荷兰语版一上市就荣登畅销书排行榜。我每天都能收到读者的邮件，有人告诉我他们取得的成果，但大多数人都在说他们有多开心，因为终于找到了适合自己的方法，彻底理清了工作中的混沌。我希望中文版的问世，能将我的方法分享给所有想更好地掌控工作与生活的人。2020年的新冠疫情颠覆了所有人的工作状态，也让大家更加明白：我们需要更好的方法。

不过，先来点提醒。我绝不会在书里对你说："放轻松，别那么辛苦。"没错，工作忙碌往往意味着我们给自己布置了太多任务，我本人就经常大包大揽：在一份高强度工作之余，我还带着两个孩子，小的刚出生，大的也才学会走路；我正在准备搬家；我还要完成从布兰道公司离职到成立一家初创公司的过渡。你看，我一直在挑战极限，所以也不会催着你放慢脚步或收起野心。相反，我会帮助你提高对时间的感知力，以此从生活中得到更多收获。谁不想要圆满的人生呢？但关键并不是要更努力地做，而是要更巧妙地做，确保你能去做真正重要的事情。

一直保持优秀或许不是件容易的事，但请相信，做一天优秀的自己是完全可以做到的。这本书要做的，就是帮助你挑战自我，让你做出更明智的选择，重新思考工作方法，在做决定时能更上一层楼，知道什么是可以不做的。你必须为自己选择一条路，否则就只能等着别人来替你选择，那将会十分被动。

在书中，我会先和你分享各种实用方法，让你更好地安排一天的工作，在花费时间上更巧妙、更有策略。在此基础上，我会继续引导你发挥个人能力：找到自己的动力来源，制订切实可行的目标，用结构性的思考框架想出更明智的解决方案，再建立一个只属于自己的顾问资源库。最后，你一定能学会基于每一天的掌控，去思考未来一年、五年，甚至十年的规划。

在开始阅读正文之前，我最后问一个问题：你是不是希望生活里没那么多条条框框？你是不是渴望自由，想随心所欲地工作？我懂你，我也遇到过很多像你一样的人。他们起初都对我的方法持怀疑态度，但尝试以后便开始对其充满热情。因为虽然这是一套系统性方法论，但绝不意味着你要么全都用，要么全不用。你可以先在让你最有压力的事情上（比如处理邮件）试用，再慢慢扩展到其他方面。有效的保留，无效的放弃。并且使用这套方法，你完全不用担心中途偏航，因为其中有一个非常可靠的内置安全网——每周复盘。

想想看，如果能用更有条理的方法应对工作中的关键部分，那么剩下的时间就可以少些条条框框，也能少些压力。

那么，准备好了吗？开始做出改变吧！

GRIP:
The
Art
of
Working
Smart

试试这样
用好每一天

无论你是学生还是老板，公务员还是总裁，新入职还是刚创业，每个人每周都只有 7 个 24 小时。不多一分，不少一秒。

想要少一些忙乱、多一分成就？别看自己有多少时间，看看自己如何利用时间。

若能明确主次，将时间用在最重要的事情上，你就能更高效地工作。生活变幻莫测，分清主次说起来容易做起来难。别担心，我们一步一步来，先明确你的优先事项是什么，然后据此安排一周的工作。

在本书的第一部分，我会告诉你如何有策略地工作。确切地说，就是如何更好地掌控一天的时间，如何通过日历、待办清单和邮件让自己工作得更快更好，如何处理阻碍你前行的突发状况。在这个基础上，慢慢扩展到一周、一个月乃至一年，最终成为优秀的自己。

每当有人向我寻求工作方法上的建议，我都会先问："你今天的工作计划是？"他们的回答能让我马上知道他们在埋头工作前是否做过规划。你可能会说："这还用你说吗？我早就把所有的工作安排都写在日历上了。说点我不知道的吧！"

好，我接招。

CHAPTER. 1

日程表是你与自己的约定

先明确一件事：日程表是一切的基础。

一周工作中，计划总是赶不上变化。你需要一个永远值得信赖的依靠，能把你从一团忙乱中解救出来。日程表就是这个依靠。

虽然我很喜欢尝试新工具，但最后总会回归到我信任的日程表上。多年来，日程表对我的工作大有裨益，不仅用于记录重要安排，还让我一周的工作更有章法。可以说，日程表是我一周工作的基石：无论出现怎样的情况，它总会告诉我什么才最重要。我不再纠结于"今天要先做什么"，因为可以直接查看日程表。

想让日程表对你有帮助，那就要及时更新。想要日程表如磐石般可靠？再也不想错过关键节点或重要会面？那就从现在起，做日程表让你做的事，就这么简单。如果你把不打算做的事也写在日程表上了，那现在就删掉，别手软。那些你从不参加的例会？删。总被你无视的旧的记账通知？删。

重新开始，日程表上只写你一定会做的事。

喜欢日程表的四个理由

1. 日程表能防止自我透支

日程表空间有限，不可能什么都往上写。想象一下：如果一天不止 24 小时，所有的待办事项通通都可以写进日程表，那将会如何？日程表的闪光点就是有限，以此防止你自我透支。

你可能已经把重要事项写进日程表了，但每天的日常工作呢？大多数人都懒得把自己的日常工作写进日程表中，但如果写上去，你就会对自己真实的工作量一目了然，知道何时已经饱和。这样你就不会再大包大揽，更容易拒绝做某些事。

更重要的是，出现激动人心的机会时，你能有底气地说出"我可以！"因为你非常确切地知道时间能否安排得过来。

2. 日程表就像导航系统

导航系统不仅能告诉你从 A 点到 B 点的路线，还能帮你解决很多问题：路况如何，想给汽车加油时怎样去最近的加油站……你只要好好看路就行了。

导航之所以方便，就是因为你只要按它说的做就可以，无须关注其他。如此一来，一切就都简单化了，对吧？

你手机里肯定有日程表，那何不将这个熟悉的工具充分利用起来呢？无须再用其他 App 或插件，日程表就能助你多成事、少忙乱。

3. 日程表记录了你的时间分配

将日常工作写在日程表中，你会习惯提前预估任务用时。毕竟，如果你无法预估给新客户做调研、准备汇报或拟定报价要花一小时还是两小时，就很难做好时间规划。一旦完成一项任务，你马上就知道预估的时间是多了还是少了。有了这种直接反馈，以后做时间规划就能更精确。另一个好处：做好时间预估、按时交付，能助你取得老板、同事、客户的信任。

4. 日程表应当公开

现在，大多数公司都让员工共享日程表，这样大家就知道彼此什么时候有空。如果你们公司也是如此，那就更有理由提前做好每天、每周的计划了，这样上司和同事就能看到你的工作内容，这对于远程工作来说更是非常有帮助。

这么做最大的好处就是：你的同事不会想当然地觉得你随时有空。

让每个工作日都井然有序

好，理论够多了，开始行动吧！现在，按照以下 6 个步骤来用日程表做计划。切记，只安排最重要的事项。不知道最重要的事项是什么？别着急，往下看，你慢慢就会找到。

1. 选择好用的日程表

选择一个你喜欢的电子日程表，要确保能在你所有的电子设备（包括个人电脑、智能手机、办公电脑、平板电脑或任何其他你用于办公的设备）上打开它。

纸质日程表或许也凑合，但我不太喜欢，因为功能太单一，没法给你发送提醒，也无法轻易地与他人共享。而且，计划赶不上变化，用纸质日程表难免涂涂改改。

2. 在日程表上注明所有会议

需要最先放进日程表里的是你前一周和他人约好要开的会议。记得检查一遍，确保没有遗漏。如果会议地点不在公司，则要在日程表上写明会议地点及相关细节。

10:00am	团队会议 10:00am—11:00am
11:00am	
中午	
1:00pm	营销机构初次会议 1:00pm 北镇主街 123 号
2:00pm	
3:00pm	头脑风暴：X 项目 3:00pm—4:00pm
4:00pm	
5:00pm	

3. 明确会议的结束时间

安排会议时有一个要明确的重要细节——这场会议几点结束。在下一步中，我会告诉你为什么这点很重要，现在先不细谈。

如果根据你过往的经历，知道和某些人开会总是会超时，就把这一点也考虑进去，重点就是要贴近实际情况。

4. 发送邀请给与会人员

我做会议安排时，会特地给与会人员发邀请。很多电子日程表都有邮件发送功能，只需添加与会人员的邮箱即可。这样，他们也可以直接看到会议的具体内容。我推荐这种做法的另一个原因就是，这会促使你去考虑会议时长，更加珍视他人的时间。比如，我想约一位客户喝咖啡，显然，让对方腾出两小时也太难为人了。那么一小时如何？或者，干脆只要简短美好的半小时？在日程表里安排好开始和结束时间，能让对方对会面有个心理预期。有时，我会让对方给我发邀请，这其实是在礼貌地向对方传达讯息："这次会面的时长由您来定。"

营销机构初次会议

2022年2月7日，星期一
1:00pm—2:00pm

北镇主街123号

2位与会人员
（1位待定）
joan@marketingagency.com
malik@marketingagency.com

5. 出行、准备及会后时间

别忘了考虑花在路上的时间。出行会占用日程表中一大块时间，却很容易被忽视。解决方法是在制订计划时，养成考虑出行时间的习惯。

也别忘了考虑准备会议的时间。要问问自己：为确保会议顺利进行，我要做什么？你可以用下列清单来理清思路：

- 到达会议地点要花多长时间？
- 准备这场会议要多长时间？
- 是否可以当天准备？还是需要提前？
- 是否有材料需要提前发给与会人员？
- 是否有东西需要提前预订或购买？
- 目前是否能预测会议成果并为之做出计划？是否应该为做计划留出时间？

你可以在日程表中单独列出会议准备时间、出行时间及会后安排。以下表为例，表上的会议准备都是我在当天进行的，多数情况下可行。

9:00am	团队会议准备 9:30am
10:00am	团队会议 10:00am—11:00am
11:00am	制订会议相关行动计划 11:00am
中午	前往北镇 12:00pm—1:00pm
1:00pm	营销机构会议 1:00pm 北镇主街 123 号
2:00pm	自北镇返回 2:00pm—3:00pm 头脑风暴准备 2:30pm
3:00pm	头脑风暴：X 项目 3:00pm—4:00pm
4:00pm	头脑风暴跟进：行动计划、会议纪要 4:00pm

我一眼就能看到，这一天几乎被三场会议挤得满满的，但仍有足够时间能确保准备充分、准时到场、梳理团队会议的讨论要点，并迅速展开之后的头脑风暴。

6. 用日程表安排重要工作

这是最后一步，将会议之外的工作内容加入日程表中。这里的"工作内容"指的是你日常最重要的工作，安排好这些，会让你的日程表发挥巨大作用。

打个比方，想想你是怎么花钱的。我们往往在花大钱时会很慎重，评估多次才决定这笔钱是否值得花。但是对于时间，我们却随意得多，有时大段珍贵的时光就像流沙一般从我们指尖流走。

请回想你上一次度假，出发前的那周是否效率比平常高出很多？因为那是最后一周，是你把邮件的自动回复改成休假模式、关掉电脑去享受清闲前的一周，之后你便没有时间工作了。于是你有了一个不容变更的截止时间，也就能清晰地知道当周结束前要做到什么。一种良性的压力转化成了动力，你的想法变得黑白分明：什么才是关键的？从时间上看什么可行？什么不切实际？你必须严格制订计划，找出优先事项，因此出发度假前的那周效率和产出最高（本书有一章专门介绍如何安排度假前的工作）。

所以，关键在于要根据你需要或想要做的某项工作的具体时间要求，在日程表上进行安排。这个方法会迫使你在给定的一周中，衡量什么要做，什么绝对不要做。记住我在本章开篇说的话：日程表是基石。你要用它来安排与自己的约定。只要是写在日程表上的，就必须写到做到。因此在决定这周要做什么时，需谨慎选择！

决定日程表上安排的事项，我遵循的是"30分钟规则"——需要花费30分钟以上才能完成的事项，或非常紧急的事项，都要写在日程表上，以免忽略。不符合这条规则的事项则会写在待办清单中。

所以这周日程表上要写什么呢？从这里开始有了一些难度。你可能很清楚这周的大方向，但要排出周三、周四上午的具体行程，很容易让人不知所措。面对这么多任务，你会很想干脆什么也不管，凭感觉安排就行了，但这恰恰无益于你完成本周的重要任务。因为单从感觉上说，没人喜欢逼自己做一项复杂却重要的事，所以你很可能会逃避，转而去关注别的事情，但那件事压根儿就不值得你付出那么多精力。

为了帮助你在结束每周的工作后，都有像度假前一周那样的满足感，我建议你使用下面三个过滤器找出每周的重要工作（只可惜不能每周工作后都奖励自己去度假）。

用"过滤器"做减法去激发行动

每个人每天都有大量工作要做，如果没有上下班时间，我们甚至能无限制地工作下去。所以，从海量任务中过滤出真正重要的工作是非常关键的。下面介绍三种能够帮助你的"过滤器"。

1. 先找优先事项

一旦清楚自己的优先事项是什么，就容易决定如何分配时间了：你要做的就是填空，即在日程表上填好各个优先事项，然后确认下一步要为这些事情做什么。做到这一点，你会惊讶地发现自己竟然可以完成好多事。

如何明确自己的优先事项是什么呢？最好的方法是看看你的职责所在。下面的清单可以帮你快速明确自己的工作职责：

- 岗位描述或责任
- 所在公司、部门或团队的目标
- 上级交办的重点任务
- 绩效评估
- 向经理或团队汇报时常出现的条目
- 当下的主要项目

举个例子，假设你是街角咖啡店的店长，那么根据上面的清单，你可以得出：

- 基于门店新的季度目标：负责将每日销售额提高 3%。
- 基于岗位描述：打造一个友善靠谱的咖啡师团队，为产品质量负最终责任。

- 基于绩效评估：创新日常运营活动，降低员工离职率。

这些职责决定了你的优先事项。但开始工作前，要将优先事项转化为具体任务。针对每条事项，要取得进展，可以先从哪些小事做起？作为咖啡店店长，你可以：

- 复盘上月数据，找到增长突破点。
- 浏览最近收到的工作申请，物色合适的新员工。
- 头脑风暴，找出能让门店脱颖而出的创意。
- 多花时间和员工进行一对一交流，及时察觉员工的不满情绪。
- 安排团建活动或团队会议，提升士气，留住人才。
- 安排与潜在供应商会面，增加咖啡豆品类。

除了这些重要任务，作为店长，还要处理许多日常事务：

- 邮箱里还有38封邮件等你回复。
- 大家抱怨厨房冰箱关不上。
- 牛奶不够用，员工已经抱怨过好几次了。
- 店里忙成一锅粥，却有一名员工旷工。
- 昨天就该完成下周的排班表了。

......

相信我，不只你一个人觉得杂事多如牛毛。光是每天等着处理的大小事项，就足以让你晕头转向了，这点完全能理解。在上述例子中，店长手上的任务也已过多，虽然其中有不少事情亟待处理，但一周时间显然不可能完成所有任务（别忘了，这可是度假前的一周）。因此，我们需要有所选择。

清单减压法

因为一堆事情没做完而备感压力？这里有一个快速见效的好办法，可以帮你消除混乱感，重获内心平静。拿出一张纸，写下让你思绪纷乱的所有事情：所有要做的工作、要见的人、要跟进的工作。"所有"的意思，就是一件不落地写出来。慢慢来，全部写下来。你会发现，写完之后瞬间就觉得清醒、平静了。这个办法非常有效，不过只能起到暂时缓解的作用。下一章，我会讲一个对付压力的长效方法：待办清单。

2. 再平衡紧急与重要事项

第二个"过滤器"是艾森豪威尔矩阵。艾森豪威尔总统曾说："我有两类问题，一类紧急，一类重要。紧急的不重要，重要的不紧急。"艾森豪威尔矩阵这个概念由此而来。这是一件简单但绝妙的工具，能有效地把重要任务与紧急任务区分开来。该矩阵有两条轴线。纵轴代表一项任务的重要性，横轴则代表紧急程度。任何一件事情都可以被放进两轴形成的四个象限中，如下图所示。

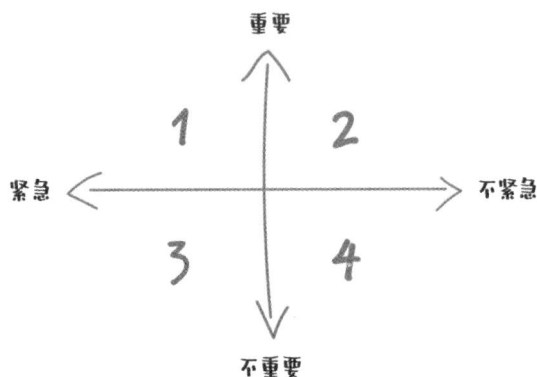

第一类，重要且紧急。这类事项要马上处理，比如，有严格截止时间的紧急问题或项目。回到刚刚咖啡店的例子：员工旷工是一个重要且紧急的问题。这样的警报一旦响起，该事项就属于第一象限。

第二类，重要但不紧急。这类事项就算推迟一两周处理也无伤大雅，但是不能拖太久，因为它们都具有长远意义。其中包括：战略规划、团队流程改进、客户关系维护及自我提升。仍然使用咖啡店的例子：总部出台的最新绩效评估方案给店长提出了增强产品创意性方面的要求，这项要求绝非紧急，但非常重要。怎样识别重要但不紧急的任务？你可以问自己：如果我置之不理，过三五个月之后是否会遇到麻烦？若答案是肯定的，那该任务就是重要但不紧急的。若答案是否定的，则该任务既不重要也不紧急。

第三类，紧急但不重要。该象限中的事项长期看来并不会产生什么影响，但当下必须要投入精力来处理。比如同事在最后一刻要你微调一份报告，在咖啡店的例子中就是牛奶快用完了。面对该象限中的任务，需要思考其是否真的紧急。别人来找我们时，我们往往会认为他们很着急，但实际上他们并不介意等上一天甚至一个星期。我发现很多时候都完全可以把这类事项推迟到最适合的时候做，只要告诉对方什么时候能完成就行。最好可以试着将该象限内的任务外包或交办给他人。如果你是自雇人士，这个方法可能行不通，那么我建议你规划一下工作时间，将这类紧急任务的影响降到最低。必要的话，可以每天都安排出一定的时间来"救火"。如此一来，就算别人有急事找你，你的一天也不会倏然溜走。

第四类，不重要且不紧急。可能的话，别处理这种事，因为对你没有任何帮助。此类事项其实随处可见：不停地刷新收件箱，参加毫无成效的会议……我敢肯定你还能举出很多类似的例子。偶尔有时间做做也无妨，但很多时候，这些只不过是你拖着不去做重要工作的借口而已。

总体而言，职场中的大部分人都把主要精力放在重要且紧急的事情上，没在做这类事情时，就去做紧急但长期看来并不重要的事。因为"紧急"总能刺激人的神经。

　　我知道，就算有了这些工具，有时也难免走回老路。比如最近，我准备制订下一季度计划。这件事很重要，能从根本上推动公司的发展。但我并没有静下心来做，反倒处理起新一轮邮件营销活动。虽然这个活动也很重要，但我完全可以请同事接手，或者将活动稍稍推迟一些。总而言之，我绝对可以专心制订季度计划。这种时候，有个好方法可以帮你意识到所做的事是不是真的重要：可以问问自己，这项工作能否助你晋升、涨薪、得奖，或至少让你在年底获得口头表扬？

什么叫"有影响"？

　　我们经常说"某件事有影响"，那到底什么才算是影响？我认为，"有影响"意味着你做的事情对你自己、你的团队、你的企业有所帮助。

　　要知道你所做的事是否能产生影响，就要先知道什么才是重要的。在大多数商业公司，最重要的是能促进销售和产生利润的东西。比如，在我工作的新闻平台，我们紧盯的是文章浏览量和订阅数。我要想让自己的工作产生影响，就必须去做能提高这些数据的事。

在日程表上添加新事项前，想想这个事项属于艾森豪威尔矩阵的哪个象限。如果你是咖啡店店长，觉得自己门店的咖啡味道已经很好了，和潜在供应商会面并不会产生很大的影响，那么这件事就既不重要也不紧急，不值得花时间去做。当然，你可能还是会想去做，我也会这样，毕竟做了也不会有什么损失。小心，千万别掉入这样的陷阱！想要做成更多重要的事，就必须要放弃那些既不紧急也不重要的事。

好了，总结一下：写工作清单时，想想如何把更多的精力集中在第二象限的工作上（重要但不紧急），做到了，你就会创造更大的价值。接下来，仔细审视那些紧急但不重要的事，看看能否改换策略或交办给他人。最后，删掉那些既不重要也不紧急的事。

3. 缩短清单

确定了自己的职责并明确了紧急重要程度，你或许已经跃跃欲试了。且慢！还早着呢。先拿出红笔，再过一遍这份工作安排。人类可不是生来就会做规划的。即便你信心满满，觉得下周绝对能够完成所有安排，也还是有可能把工作排得过满了。所以，你还要使用最后一个过滤器：缩短清单。

这周工作清单中一共有多少件任务？10件？30件？来，逼着自己缩减成2件到3件，哪怕5件大任务都太多了。我知道这不容易，但只有这么做，你才能诚实地面对真正重要的事情。这个策略可以有效地让你聚焦于最重要的事情。如果你做完了这2件或3件任务后还有时间，可以再增加新任务。再用一次咖啡店店长的例子：假设你决定这周要处理求职申请并组织团建，那就专心只做好这两件事，一定会取得真正的成效。

澳大利亚管理奇才彼得·德鲁克曾说："定出优先事项，别超过2件。我没见过谁可以同时做好3件事。一次做1件或2件，就这样。"

因为如果你一次定了5个重点事项，那只能说明你压根儿就没弄懂什么叫重点。

以玩填字游戏的方式写日程表

会议安排和重要工作都已明确，下面要把这些安排都填进日程表里。这的确是一个大工程，别担心，有了前面说的那些过滤器，写日程表就像填字游戏。

在填写日程表时，牢记以下几点：

- 日程表上只安排花费半小时以上的事项，否则看起来会一团乱。不足半小时的写到待办清单中。
- 安排充足的时间，不要太匆忙。不过，明显只要半小时就能做完的任务，也别安排一小时的时间。
- 注意，别把工作时间都塞得满满的，尽可能留出20%的空闲时间。八小时工作制的话，每天要留出1.5小时到 2 小时。这样才有时间休息、处理偶发事件、回复紧急邮件，也给突发状况留出缓冲余地。

● 留出空闲时间或许很难，但非常必要，尤其是在你感到力不从心时。这些时间是完全属于你自己的，所以倘若有人塞给你一大堆无效的会议，那就直接拒绝，别觉得不好意思。

● 记录事项时，描述要清晰。比如，只写"项目计划"就太模糊了，要写成"完善总部翻新计划"。这样之后就不用浪费精力去回想到底要做什么，而是可以扫一眼日程表就直接开始工作。

● 为每个事项安排合适的时间和地点。问自己：这件事安排在早上是不是更好？是否要在办公室里做？那里是否有我需要的人力物力？

下面我用自己的日程表来做个例子。

	星期一	星期二	星期三
9:00am	团队会议准备 9:30am		前往东镇 9:00am—10:00am
10:00am	团队会议 10:00am—11:00am	市场调研 9:00am—12:00pm	供应商会面 10:00am—11:00pm
11:00am	制订与会议相关的 行动计划 11:00am		从东镇返程 11:00am—12:00pm
12:00pm	前往北镇 12:00pm—1:00pm	午餐 12:00pm	
1:00pm	营销机构初次会议 1:00pm 北镇主街123号	和经理 一对一会面 1:00pm	
2:00pm	从北镇返程 2:00pm—3:00pm 头脑风暴准备		头脑风暴准备 2:30pm
3:00pm	头脑风暴：X项目 3:00pm—4:00pm 和索菲亚喝咖啡 3:30pm		就XYZ 展开头脑风暴 3:00pm—4:00pm
4:00pm	头脑风暴跟进： 行动计划、会议纪要 4:00pm	行政工作 4:00pm—5:00pm	
5:00pm			

	星期四	星期五
9:00am		求职者面试
10:00am		
11:00am		新团队见面会 11:30am
12:00pm	全天研讨会 9:00am—5:00pm	午餐 12:00pm
1:00pm		项目进展及汇报 12:30pm—1:30pm
2:00pm		邮件 2:00pm—3:00pm
3:00pm		
4:00pm		
5:00pm		办公室茶歇 5:00pm—6:00pm
6:00pm		

一眼看上去，我的周计划似乎井然有序。我列出了所有的会面和会议，并为关键任务分配了整块时间。三件优先事项一目了然：周一下午的头脑风暴、周二上午的市场调研、周四全天的研讨会。但这张表其实还是忽略了一些问题：

● 周一的会议，我留出了准备时间，但其他会议呢？周二和经理的会面、周五的面试及两场内部会议，我并没有留出准备时间。

● 周二市场调研的准备工作都妥当了吗？我真的需要花

三小时做调研吗？

- 周二在办公室还是别处和索菲亚会面？下午 4 点就要
  回到办公室处理行政工作是否现实？

- 周三和供应商的见面是否要提前做准备？

- 周四全天我要参加研讨会。上次研讨会布置的任务我
  都完成了吗？这次研讨会在哪里举行？

- 周五面试的应聘者我都了解吗？问题都准备好了吗？
  我单独进行面试还是和团队一起？

- 处理邮件一小时真的够用吗？需要延长时间吗？

在一周开始前，带着批判的目光审视自己的日程表，可以
解救你于忙乱，让你游刃有余。你将在最佳条件下开展新任务，
会惊讶于自己的高效。为了帮助你更好地开始，接下来和你分享
一些让我受益良多的观点。

1.　"管理者"和"创造者"的工作方式完全不同

保罗·格雷厄姆的一篇文章让我醍醐灌顶，明白了"管理者"
和"创造者"之间的根本区别。格雷厄姆在创业领域声名赫赫，
他成立了YC创投公司(Y Combinator)，投资了爱彼迎(Airbnb)
和多宝箱（ Dropbox ）等企业。他在文中谈到，一个创造者在会
议与工作中不停地来回切换是非常消耗精力的。管理者习惯于任
务切换，经常以小时甚至半小时为单位切分时间，但这样的快速
切换对作家或程序员之类的创造者则行不通。创造者需要长时间

集中注意力，想要一小时内就写好一段文字或搞定复杂代码并不现实。格雷厄姆指出，创造者最好以半天或全天为单位划分工作时间，哪怕只打扰半小时都会让他们的产出大大下降。那么，是不是一个人只能做这两类工作中的一类呢？当然不是。格雷厄姆指出，只有当这两类工作交叉安排时，才会出现问题。

我在工作中扮演的角色更接近于管理者。我总穿行于不同任务之间，但也学着每隔一段时间，就拿出大量精力来做创造性工作，如思考公司的未来。我会把这两类工作结合起来安排，比如用很多场一小时左右的会议填满至少半周的工作时间，但也留出半天或一天来做可以产生创造性想法的工作。我已经意识到这两类工作需要不同类型的专注及规划，所以能够事半功倍。这种意识也让我更加小心，不去打乱别人的工作计划。如果一个人已经启动了创造者模式，那和我开会就会大大浪费他的生产力。一个简单的解决方法就是选择不太会打扰对方安排的时间，如午餐前后，或下班前。如果你能看到对方的日程表，也可以约在一场会议开始前或结束后的空闲时段。

2. 改变日程表的使用习惯

如果到目前为止，你规划工作的理念是"我希望本周可以做完这些事，如果做不完，反正还有下周"，那我的方法将带给你彻底的改变。你要信守这句新格言——日程表是基石，写在日程表上的事情就一定要做完。当然，刚开始可以给自己留出一些喘息空间，记住，宁愿少安排一些事项，也好过写进日程表却无法完成。这种方法会让你的工作有条不紊，等你体验到那种干净利落的感觉后，做周计划就会成为一件自然而然的事。

3. 早上"先吃那只青蛙"

我们每天的时间和精力都有限，但只要将精力集中在"应该"做的事情上，一整天都会更轻松。

美国教育家博恩·崔西在《吃掉那只青蛙》一书中写到了这一点。这本书的书名借用了法国哲学家尼古拉斯·尚福特的一句话："早上起来先吃掉一只活青蛙，这样今天就不会有比这还糟的事了。" 换言之，从你最不喜欢、最反感的任务做起，不要一味拖延。

管理学家史蒂芬·柯维提出了一套完整的原则，叫作"要事先行"。他用了一个精彩的比喻来解释：如果你想往一个杯子里尽量多装石头和沙子，那么最有效的方式是先装石头后装沙子，石头代表重大工作，沙子代表其他你要做的事。

要想做成更多大事，就要把这些大事往前排，排在一周的开始、一天的开始，没有比这更简单的方法了。美国政治家本杰明·富兰克林用的也是类似的策略。每天早上，他都问自己同样一个问题："今天我要做什么有意义的事？"这是开启一天工作的绝佳方式。

4. 人不是机器

我曾以为只要意志力强大，就可以在任何时段把任何想做的事做好。很长一段时间里，我都固定在周四和周五下午做重要的创造性工作，效率不好不坏。后来，我发现了一个真正适合自己的方式——把创造性工作调整到一周开始的时候做，尤其安排在早上——于是工作质量直线上升。慢慢地，我还发现，有时候别人都下班了，我独自在办公室时灵感如泉涌。

我从这段经历中学到了什么？人不是机器，我们在特定时间和场所做特定工作的效果更佳。一旦找出自己什么时候适合做什么工作，你不仅能提高效率，还会更享受工作，从此不再艰难逆行，而是顺流直下。

我的老东家布兰道公司有一个"周二无会"政策。在周一例会后，所有人都已信息同步，准备开工，所以要在周二利用好这种状态，保持工作安排不被打扰，这样有助于在工作中取得切实进展。

5. 日程表能帮助训练专注力

众所周知，力量训练可以强壮肌肉。同理，通过训练，专注力也可得到提升。你专注做事的次数越多、每次专注的时间越长，就越有助于提升。在此，日程表就能发挥作用了。你可以用它合理安排需要专注的工作，工作量可以每周递增。不积跬步，无以至千里，这就像健身一样。

做好周计划还有附加好处：不需要在安排工作和实际履行之间来回切换。要开始做事时，你可以马上启动。如果被打断或干扰，只需查看日程表，便能马上重回正轨。

1908 年，小说家阿诺德·贝内特在其著作《如何度过一天的 24 小时》中，设计了一个绝佳的专注练习——去上班的路上试着只想一件事。他写道："离开家时，大脑专注想一件事（什么都好，先开始想）。不出几步路，大脑就会在你眼皮子底下开始走神，转而去想别的事了。"这个百年前提出的方法和现在的冥想练习不谋而合。我们都知道大脑有多爱开小差。贝内特提倡大脑训练，并且指出提升专注力、引导思绪是可以做到的。

工作中总有打扰

在工作中，意外常常出现，给我们带来各种麻烦。要应对意外干扰，首先要捍卫自己的工作计划。没人能替你做这件事，全靠你自己。一旦你能用心设定优先事项、与他人协调合作、合理分配精力，任何人都别想轻易扰乱你的计划。

耳机规则

布兰道公司有一个规则，戴上耳机就表示你正处于专注模式，不希望有人打扰。一个人要靠戴耳机来表明自己不想被打扰，听起来可真有点惨，但这确有奇效。

坚定并清晰地表明自己何时可以被打扰、何时不能，能让你更好地专注于工作。但工作中总会有突然发生且必须快速解决的问题出现，让你不得不分心。这种情况下，你或许会觉得精心规划的工作安排是一种阻碍。但事实恰恰相反，用好日程表能让你更好地处理这些状况，且不失风度。

还以我自己的工作计划来举例，把它想象成你某天的工作安排。现在是 11 时 40 分，整个上午都很顺利，你已经和团队愉快地开完了会，并按照安排制订了与会议相关的行动计划。可就在出发去北镇前，老板突然来到你的办公室，交办了一项今天内必须完成的工作。讨论后你发现，要做完这项工作需要 4 个小时左右，差不多是大半个下午的时间。

别慌张，在这种情况下，日程表就是救星。要做到条件反射地求助于它，因为它能准确地告诉你如何调整安排。

比如在本例中，从日程表上一眼就能看出，要不要参加北镇的会议是问题的关键所在，因为往返一趟会花很长时间。所以你无须考虑过多，只要想想是否可以跟对方说明情况，请求会议改期就行了。可如果没有日程表，你便无法快速找到调整安排的方法，那很可能就不得不匆匆忙忙赶到北镇，草草结束会议，心不在焉地进行头脑风暴，晚上还要加班完成老板布置的任务。我敢说，效果一定不会太好。

9:00am	
	团队会议准备 9:30am
10:00am	
11:00am	
	制订与会议相关的行动计划 11:00am
12:00pm	
	前往北镇 12:00pm—1:00pm
1:00pm	
2:00pm	
	从北镇返程 2:00pm—3:00pm 头脑风暴准备 2:30pm
3:00pm	
	头脑风暴跟进：行动计划、会议纪要 4:00pm
4:00pm	
5:00pm	

那么，如果意外状况发生在最后关头该怎么办呢？这时请考虑如下几个方面：

- 这项工作真的需要现在就做吗？是否比你手头的其他任务都要紧急？不是的话，就另行安排时间。

- 完成这项工作要花多长时间？留出充足的时间，写进日程表中。

- 查看日程表中与此相冲突的安排，看看是否可以改期。

- 就算要改期的会议有 6 位同事参加也别不好意思，因为现在的你正处于危机模式，没有一分钟可以浪费。让他们知道你需要改期，并定好时间安排。只要你好好解释，别人会理解的。

最后关头出现意外状况，颠覆了工作安排，确实令人沮丧。但同时，清楚地知道什么事项可以推迟，也会让你条理清晰、内心平静、应对自如。担心会忘记推迟了的事项？用不着。我后面会谈到每周复盘这张安全网。放心大胆地告诉他人你今天无法完成这项任务即可，每周复盘会帮你回到正轨。

好习惯是"试"出来的

优秀的运动员会审视自己生活的方方面面，从训练方法到饮食结构，一样也不放过，以求找到每一个有助于提高运动成绩的元素。若结果不尽如人意，他们就会不停地思考："下次能改变点什么？"顶级运动员都知道，想要改变结果，必须先改变方式。

这种思路也适用于工作。工作中也有种种难关要闯，可以说我们就像运动员。那怎么提升我们的运动成绩呢？做试验！微调方法，看看能否达到理想结果。

比如你在周四往往工作效率低下，难以按计划完成工作，那就可以试着在那天换个地方工作，哪怕只是去别间办公室或换一下座位的朝向都行。每次觉得自己不在状态时，都可以试着微调一些习惯，看看是否有所改善。你可以从以下这些方面入手：

工作 VS 休息

- 每次开完会，要多长时间才能重新进入工作状态？

- 要让自己更高产，每天要安排多少休息时间？

多睡 VS 少睡

- 多睡或少睡一小时对你的工作效率有何影响？

- 闹钟唤醒还是不设闹钟更有助于你开启清新的一天？

午休时间长 VS 午休时间短

- 午休后要花多长时间才能重新集中注意力？

- 午休时间长还是短更好？

- 午饭后出去透透气是否有帮助？

晨练 VS 晚练

- 晨练还是晚练会让你效率更高、更加清醒？

听音乐 VS 不听音乐

- 听音乐会让你注意力更集中，还是会导致分心？哪种音乐适合你工作时听？哪种不适合？

站着 VS 坐着

- 站着工作有助于提高专注力，还是会让你疲惫？

长时间 VS 短时间

- 长时间工作会让你完成更多事项，还是会减少你能完成的工作总量、降低质量？

早 VS 晚

- 你在早上工作状态最佳吗？还是下午或晚上更有灵感？

嘈杂 VS 安静

- 有人在旁或独处，哪种情况下你的效率更高？

有截止时间 VS 无限期

- 压力能否给你带来动力？截止时间马上就到，需要连续高强度工作几天，或者有充足的时间来慢慢完成一项工作，哪种情况下你的状态更好？

- 知道自己两小时后要参加会议，或笔记本电脑的电量只能再撑一个小时，或宝宝一小时内就会醒来，这些情况下，你会更容易还是更难集中注意力？

前半周 VS 后半周

- 每周前两天（周末充分休息后）或者周四之后，哪个时段你的效率更高？你周一的效率和周五比起来更高还是更低？

常规 VS 即兴

- 遵循固定的工作模式，或者工作中有更多变化和发挥空间，哪种情况下你的工作表现更好？

合并完成 VS 逐项击破

- 把类似任务（如处理邮件、写方案、组织会议等）合并起来一次性完成，会让你高效，还是令你头大？

联网 VS 断网

- 联网或断网，哪种情况下你的工作效率更高？

团队 VS 个人

- 团队工作还是独自工作会让你效率更高、想法更多？

三级火箭

恭喜，你已列出优先事项、排好工作计划了！剩下的就是完成工作，以及享受掌控一周的感觉。如今你不再感到被一堆事情所淹没，而是有了清晰的框架。

你可能和我一样，随着时间的推移，会发现自己给一些事项安排的时间太短了，而另一些事项安排的时间又太长了，或者发现自己因次要任务而分心。这些发现很有意义，值得写下来。花点时间反思，可以帮助你找到工作规律。执行日程表中安排的事项，能让你更好地了解自己的一周，而这又将帮助你更好地安排下一周，进入良性循环。

好的，眼下你或许会想问：周计划是否要兼顾方方面面？我要如何将大而化之的周计划与琐碎的日常工作相结合？很简单，坚持三级火箭理论即可，它会告诉你在任意给定的时间里应该做什么，具体如下：

- 第一级：日程表。先完成写在日程表上的安排，因为日程表是基石。
- 现在暂无安排？那就进入第二级：完成待办清单上的事项。
- 今日待办清单也已清空？那就进入第三级：处理邮件。

现在你已经学会使用日程表，火箭可以起飞了。在后续章节中，我会手把手带你完成整个火箭的组装。下一步是用好待办清单这个专属于你自己的备用大脑，这会带来最为立竿见影的效果。

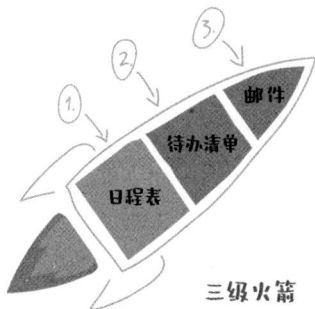

三级火箭

CHAPTER. 2

开启"备用大脑"——待办清单

你有没有在结束一天工作后，觉得压力更大了？晚上，一堆需要完成的事项在脑子里嗡嗡作响。

或者，你在做一项需要高度集中注意力的工作，但时不时想到一些别的事，比如"我还是要把那个写到休假申请里""那份报告中得写上这些那些"。

大脑不断提醒你的一切任务，无论大小，都可以视为开环，需要闭合。开环有存在的意义，因为事情没有完成，大脑自然会提醒你去做。也就是说，一旦有机会，大脑就会提醒你开环的存在，希望你之后可以做点什么来使之闭合。

可问题在于大脑抓不准时机，所以从超市回家打开购物袋，你才能想起忘了购买某种食材，直到开完周会，你能想起要问同事一个重要问题。由于大脑不能在正确的时间发送提醒，而是进入跟踪狂模式，无孔不入，所以导致一个恶性循环：开环越多，提醒越多，压力就越大。

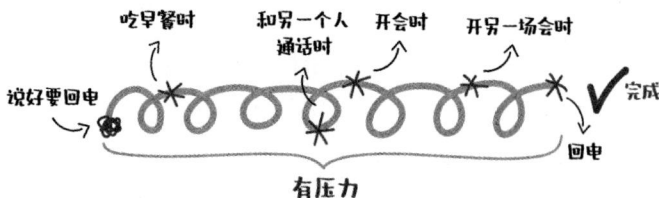

心理学家将我们的日常思考过程归纳为两套基本系统——系统1和系统2。丹尼尔·卡尼曼的畅销书《思考，快与慢》推广了这两个概念。

系统1负责快速、本能、情绪化且无意识的思考。利用这套系统，你可以快速判定声音从哪里来，马上知道2+2等于几，在高速公路上驾轻就熟地开车。

系统2则相反，它负责缓慢、理性、审慎、有意识的思考。倒车入库、公开演讲、从A地前往B地，都是典型的、无法凭直觉去完成的任务，需要大脑积极运作。

但大脑并不喜欢积极运转，它会引诱你去干轻松的活儿。毕竟，修漏水的水龙头可比写复杂的提案要省力得多。不信就试试这么做：现在抬起头，将视线从书上移开，你马上就会想到一些与读书不相干的事，因为此刻你无须消化书上的字句，人就松懈了下来。开环就是这样干扰我们的，让我们感到有压力，无法专心工作。

如果可以暂时排除开环的干扰该有多好，如果可以把脑中的提醒都暂停，直到我们处于想收到提醒的日期、时间、地点时再开启该有多好。或许在未来真的可以实现，但目前我们对大脑尚未拥有这样的掌控力。

不过也别担心，解决开环和伴随而来的压力另有他法。一旦大脑完全确信有外部的人或物会负责提醒，那持续不断的内部提醒就会降低音量。因此，我们真正需要的是一个专为提醒而生的备用大脑。它就像大脑的外接硬盘，能让大脑喘口气。

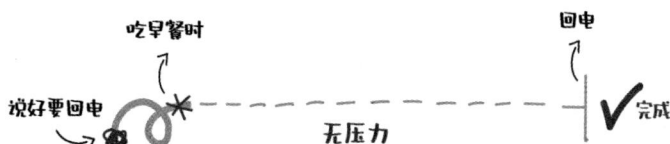

一旦不再使用"工作内存"来储存待办事项，大脑就能得到解放，专注于手头工作。将脑中的开环全部转存到备用大脑中，我们就可以全面聚焦于眼前的重要事项。待办清单这一绝妙理念源于戴维·艾伦的力作《搞定》。艾伦是世界知名的工作效率问题专家，他在书中写道："大脑是思考机器，不是存储设备。"

无须复杂，只要两步基本练习，就能让你拥有快乐、清晰的大脑。

- 第一，把开环都移到备用大脑中，越快越好。
- 第二，定期查看备用大脑，及时整理。

忽略了任何一步，你都会感到一团迷雾。大脑又要开始拿每个开环来烦你，你将重新走回老路：备感压力、自我透支。尤其不要忘记第二步。我们没法把开环扔进备用大脑里就束之高阁，必须时不时回来查看，并不断更新。

但就像我说的，无须复杂。越直接，越管用。神经科学家丹尼尔·列维京在《有条理的大脑》中指出，系统越复杂，坚持下来的人就越少。也就是说，系统越简单，人们就越有可能持之以恒。边际效益递减规则也同样适用于此：在新系统基础上的初始投资所产生的效益远超之后所有微调带来的效益。

开启"备用大脑"

我喜欢备用大脑这个概念。谁不想要一个备用的大脑呢？接下来我会一步步和你分享如何把这一想法变成现实。

其实备用大脑包含两部分，一部分是日程表，我们已经具体谈过，另一部分就是待办清单。待办清单的好处在于，哪怕形式再简陋，它也能在大脑之外为你提供一席之地，用来存放大大小小的所有开环。因此在开始之前，先记住这条使用待办清单的黄金准则：别再把事情存在大脑里。

用好待办清单要一步步来，总共6个步骤，每一步都能自动带你通往下一步。最初的几步最简单，也会带来最大效益。

1. 选择理想的操作系统

第一步就是为你的待办清单挑选一个好用的操作系统。你需要的是一个能帮助提升专注力、减轻压力的备用大脑，所以使用时越简单越好。常有人问我哪种系统最理想，我认为必须满足以下几个条件：

- 电子版。纸质版的待办清单就像纸质日程表一样，容易引发混乱。由于任务和重要事项会不断变化，你难免要涂涂改改，电子版会让一切更简单。
- 可以在手机和电脑上同步，无论在哪儿都可以快速查看。
- 设置清晰，操作迅速。谁都被缓慢迟滞的系统、给人添堵的软件折磨过，选择时要挑别点，找到你喜欢用的系统。

下面推荐两款我认为不错的软件。如果你用的是 Mac 和 iPhone，那我推荐 Things。这是一款超级流畅的软件，设计巧妙，关注细节。如果你用的是 Windows 系统的电脑或安卓系统的手机，可以试试 Todoist，这是一款清晰直接的软件，适用于全平台。Things 是付费软件，但物有所值，也可以免费试用 15 天。Todoist 有免费版，也能满足需求。当然，市面上不断有新的软件出现，请选一款最适合你自己的。

这两年，我发现越来越多的人愿意付费购买软件。我很支持这种做法，因为免费软件和付费软件有天壤之别。你可以把软件想象成制作精良的工具。木匠绝对不会吝于购买工具，因为他们知道工欲善其事，必先利其器。好的软件也是一样，能显著提高你的效率。

2. 先做一份基础款的待办清单

无论你挑了哪款软件，最开始都很容易不知所措。你可以创建项目、标签、清单，可以添加地点、附件、颜色和笔记，功能多得眼花缭乱。正因为如此，我们很容易中途放弃。光弄明白这些功能，就已让人心力交瘁。

我建议你尽量从简，从一份基础款的清单开始。先不着急弄懂各类功能，也不需要做太长远的计划。对大多数人来说，从完全不做清单到做一个简易的电子清单，就已经能获得无穷益处。所以我再次重申：从一份基础款清单开始。

很多任务管理软件都有一个叫"收件箱"的标准清单模板。找一下。没找到？那就创建一个。这个清单并非碰巧与邮箱的收件箱同名，它的作用就是接收所有信息，只不过这些信息不是别人发来的，而是来自你自己，是所有你未理清的任务。这个任务收件箱可以收纳所有开环，就是那些大脑一直提醒你要做的事，不仅包含工作事项，也包含家务、休假、爱好、家人等一切方面的事项，没有限制。现在你唯一要做的，就是把脑中能想到的全部任务都写进去。先不用考虑如何描述或安排这些任务，也别担心记重复了。唯一要紧的就是确保完全列举。

举个例子，下面是我记在收件箱中的一些任务：

- 为周一会议提出新安排
- 和玛凯拉敲定会面时间
- 向团队报告 iOS 软件错误
- 敲定下周路线图会议相关事宜
- 买垃圾袋

可以看出，这里有工作事项也有个人事项。有的比较重要、紧迫，有的则不然。目前，把所有的任务从大脑中清空，放到外部系统中，就已大有裨益。

或许你一下子还不习惯这个方法，会不禁这样想：这件事我肯定记得住，没必要写了。对抗本能、培养新习惯绝对是值得的，一旦你养成将任务和开环放进待办清单的习惯，就不会走回头路了，因为解放大脑的感觉实在美妙。赶快把那些东一张、西一张的纸条，把那些随手记在本子、便笺、餐巾纸或电脑某个文档里的待办事项，全都放进待办清单里吧。

往待办清单里列事项时，我们总会有所疏漏，下面是我列出的一些完善待办清单的要点，供你参考。记住，现在你的清单是否有用不重要，唯一目标是把想到的一切都写下来。

☐ 手头工作	☐ 个人发展
☐ 待启动的工作	☐ 待阅内容（书籍、杂志、
☐ 自己或他人为你设定的目标	推送等）
☐ 客户	☐ 清理打扫
☐ 需准备的会议	☐ 待买物品
☐ 汇报	☐ 爱好
☐ 重要电话、短信、邮件	☐ 资料备份
☐ 做预算	☐ 重要文件（如申请护照、
☐ 文书工作	更新驾照等）
☐ 税务	☐ 要去的地方
☐ 电子设备	

想发挥待办清单的作用，就要即时、快速操作。比如某天，我在电脑上回复邮件，突然想起来家里要找个维修工。我并没有停下来处理这件事，而是按下快捷键，写上"给需要维修的地方拍照，询问维修报价"，然后回车。只需几秒，我就可以忘掉找维修工的事，回到之前的工作中。

关键是要能快速打开待办清单软件，这样不仅每天可以节约大量时间，还有利于保持专注。很多待办清单软件都能设置单手轻松操作的按键组合。平时要多用这个功能，形成习惯后就能条件反射地输入了。

另外，要养成定期检查备用大脑的习惯。这里就要提到前面说过的三级火箭了。日程表是第一级，待办清单是第二级，每次做完日程表上列出的事项，有了空闲，就去查看待办清单吧。还要花一点时间考虑：清单中的哪件任务最能推动当前进展，且可以在现有时间内完成。

一旦按照这样的方法使用待办清单，你就会进一步感到平静和清晰，脑海中的混乱感也会减少。但这仅仅是开始，下面该进入步骤3了。

3. 化任务为行动

对任务的描述方式很大程度上会影响任务最终的完成度。正确描述任务，让其听起来简单可行，能帮你清空拖延了好久的待办清单。

假设你刚参加了一场线上领导力培训会，公司希望你可以和整个团队分享心得，形式自定。现在是周五下午，辛苦了一周的你脑海中有无数度过周末的美妙安排。可正要合上电脑时，你突然想起此事，于是将其添加到待办清单中。这样周末你就能好好放松了，无须担心任何开环。

很快到了周一。现在你已经完成了记在日程表上的事项，有了空闲时间。于是你看了一眼待办清单，想起还要给团队做个分享。但你有动力做这件事吗？并没有。你知道从哪里入手吗？不太清楚。

这种情况很常见，问题多半出在对任务的描述上。前面的描述让人连项目的第一步是什么都搞不清楚，如果你还不知道到底要做什么，就不可能开始。

假设周五你给自己布置任务时，将其细分为具体行动，如：

写好会议笔记、做 10 页心得 PPT、给团队发送午餐时间汇报邀请。这样的描述让人觉得目标清晰、切实可行，也就更有动力着手去做。

因此，面对待办清单觉得束手无策时，可以试着将任务拆分为若干个行动。任务往往像个模糊、宽泛的半成品，缺乏细节时只是前进目标，但不提供前进动力。行动则有具体做法，清晰明了，操作性强，能激发并指引你前行。如果你查看清单中的任务时想不到具体做法，就说明还可以再将其进一步拆分成一项或多项行动。在往待办清单里添加任务时，我会问自己一个基本问题：如果我现在就想完成这项任务，这么写能让自己知道要怎么做吗？

以下是我将任务转化为行动的方法：

○模糊的任务○	○即时可行的行动○
营销活动启动	安排和市场代理商的会议 （可行，但做好准备会更好，因此→）
	安排和市场部负责人莎拉的会议 （可行，但最好先做一些提案并收集反馈，因此→）
	起草一份至少有 5 个点子的提案，并跟我的助理讨论
出游照片	发送出游照片给打印店 （不可行，因为照片实在太多，因此→）
	挑选出游照片发送给打印店 （可行，但是要先修图，因此→）
	修图（可行，但照片还没有导入电脑，因此→） 导入相机照片
屋顶漏水	打电话请维修工（可行，但得先确认找哪位，因此→） 问邻居上次她家请的是哪位维修工

花点时间做好规划，模糊的任务就升级成了切实的行动，你就会知道先做什么、耗时多久，便能更轻松地开启新任务。2500多年前的思想家老子说过"千里之行，始于足下"，说的就是这个道理。将抽象指令化为清晰行动看似劳而无功，却是最高效的方法，能推动计划实现。它带着你迈出第一步，然后前进、再前进。

如果不能马上想到具体行动，我会退而求其次，在待办清单里写上"找出做某件事的第一步行动"。这样我至少记下了一件待跟进事项，可以准确地告诉自己需要做什么。

进入下一步骤之前再提一点：想让任务切实可行，就需要标注日期。但待办清单与日程表不同，写在日程表上的任务必须在规定时间完成，而待办清单上的日期只起引导作用，意思是在该日期前后完成即可。在待办清单上添加日期可以限制你为一天设置的工作量，也让"接下来要做什么"这个问题更容易回答。你不再需要在大清单里比较哪个事项更重要，而是可以根据日期直接开始行动。

步骤2和步骤3暂时是分开的，但稍加练习，两步可并为一步，你会很自然地在做待办清单时直接将任务转化为行动。并且，你最开始越能尝到这么做带来的甜头，之后就越不需要进行步骤2了。

那么，面对待办清单里繁多的任务和行动，如何保持全局观？答案是创建项目，将同一类任务归入同一标题下。

4. 将行动分组为项目

现在，你把脑海里漂浮着的任务都移到了待办清单中，并将它们转化为清晰的行动。很棒！你已经属于为数不多的头脑清晰、自在快乐的人了。但随着时间的推移，有一天你会发现待办清单变得杂乱无章。这太正常了。面对堆了十几件任务和行动的清单，是时候考虑创建更加清晰的分组了。接下来，我将向你展示如何将冗长无序的任务分组成可操作的项目。

先讲一个最简单的项目分组——"某天项目"。在步骤 2 中，你已将大大小小各类任务都放进了待办清单。但是，这些任务不可能一下子全部完成。没问题，请在软件中创建一个项目分组，我喜欢称之为"某天项目"。这个分组里可以放入所有你当下没时间做，甚至几周到几个月内都不会做的事情，比如学一门专业课程、做下一季度的预算、打扫车库、翻看旅游老照片，或是规划几年后要休的长假。

把短期和长期项目分开，可以让待办清单更加简洁。妥善分组后，你便无须不停地下拉清单，跳过一个个和当前不相干的任务。

下图是我的"某天项目"。快去看看你的待办清单吧，肯定能找到一些几周内都不会去做的事情，请把它们都拖入"某天项目"这个分组中。

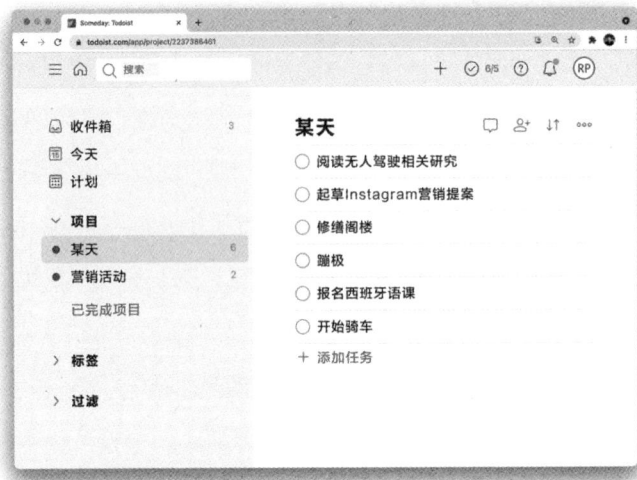

再次强调：待办清单的最有价值之处就在于能将任务从你的大脑中清空，转移到外部电子系统中。记住，备用大脑越复杂，你就越难坚持使用。我看到过很多人满腔热血、事无巨细地将任务分成很多组项目，结果只得到了一张庞杂的列表。他们一下子茫然无措，最后干脆把整个系统都抛诸脑后。这太可惜了。待办清单一定要清晰好用。如果看着自己的项目分组，只能想到"复杂"二字，那你就该做减法了。

项目分组要有利于后续追踪才有意义。有的分组可能包含几个任务，也有的分组，如修缮房屋，可能动辄包含十几个任务。

现在我有 19 组进行中的项目，虽然还可以继续拆分，但我喜欢屏幕刚好能容纳整个清单的感觉，这样一眼就能看到全部重要事项。毕竟，分组就是为了统揽全局，并掌握主要目标。

5. 给任务添加标签

你已将所有开环从脑中移动到作为备用大脑的待办清单中，也将任务化为了具体行动，并且创建了项目分组，有了全局观，但是现在待办清单还没有发挥全部作用，你还要学会妥善地给任务和行动添加标签。这样你的工作会更有条理，也能更快启动。下面讲讲我最喜欢的三个标签。

首先是能量。人在一天之中的能量水平会不断变化。一个人越顺应自己的节奏，产出就越高。比如贝多芬，他每天早上的第一杯咖啡都要由 60 颗豆子磨成，不多不少。喝完咖啡后，他从早上 6 点 30 分开始作曲，直到下午 2 点 30 分才用餐，并且要搭配一杯葡萄酒。饭后他会优哉地散步，会找家咖啡店，读读报纸，吃点东西。再举个温斯顿·丘吉尔的例子。他早上坐在床上向秘书口述撰写书籍或回复信件，每天洗两次澡，午睡一个半小时。这种不常见的作息节奏很适合这位英国政治家，他出任过两届首相，写了 40 余本书，并获得了诺贝尔文学奖提名。

你可能会说这些都是名人，他们的工作安排不太常见。但我敢说你也有属于自己的工作节奏，你可操作的灵活空间比你想得更广。现在，待办清单可以出场了，它能对你有所帮助。

假设你今天连着开了一天会，最后一场在下午 4 点结束，离下班只有 2 个小时。显然，你不太可能在这段时间里写出一份非常有创意的提案，最好是做些不太费精力的事情。如果你事先在待办清单里给任务添加了标签，现在就能充分利用好这段时间了。

你可以将任务分别归类：给耗费精力较少的任务贴上"快速任务"或"低能耗"的标签，给需要高度集中注意力才能做好的工作贴上"深度工作"或"脑力工作"的标签。这样就能在恰当的时候做恰当的事：当无法完成高能耗任务时，就通过筛选找出容易完成的事项，反之亦然。

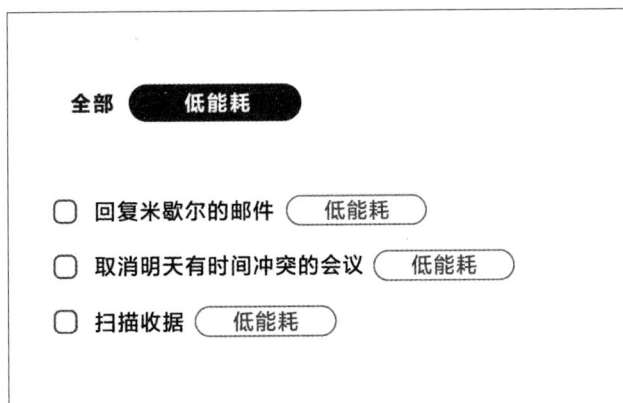

第二个是地点。假设你的办事地点不止一处，有的事项必须在特定场所完成，这种情况下就可以给任务贴上地点标签，指引自己一次性处理掉同一地点的全部任务，非常方便。比如有一项任务只能在家做，就贴上"家"的标签。给任务添加"办公室"标签可以帮你更好地专注于工作，因为该标签排除了所有不能在办公室工作时间做的事。你甚至可以根据特定工具或所需资源进行标签设置，比如"打印机"或"钻头"。

全部	家	办公室	**低能耗**

- ☐ 浇花 （家） （低能耗）
- ☐ 回复米歇尔的邮件 （低能耗）
- ☐ 取消明天有时间冲突的会议 （低能耗）
- ☐ 扫描收据 （办公室） （低能耗）

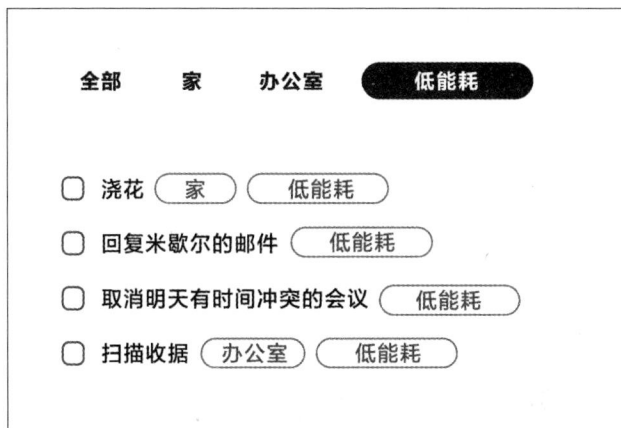

　　最后是人员。现在越来越多的工作可以通过邮件和聊天软件沟通，但我觉得还是面对面沟通有助于更快更好地完成工作。只要可以，我都会安排一对一会议，哪怕只是线上会议。我会用标签在待办事项上标注相关人员，以提高效率。比如在前一家公司时，我和老板亚历山大都很忙，所以每次能碰面都要确保沟通完清单里所有与彼此相关的事项。添加标签后，我只要一键过滤，就能筛选出所有与他相关的事项。

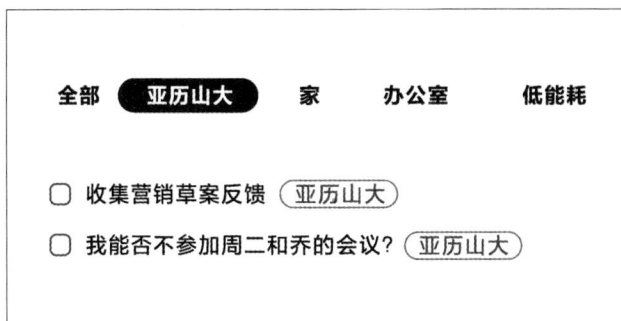

全部	**亚历山大**	家	办公室	低能耗

- ☐ 收集营销草案反馈 （亚历山大）
- ☐ 我能否不参加周二和乔的会议？ （亚历山大）

标签让我的待办清单发挥出更大作用，让我能最有效地利用碎片时间。通过实践，我发现有一些标签对我特别管用，你尝试后也会发现自己喜欢的标签。可能人员标签对你来说就比能耗标签更管用。只要尝试，就能发现什么最适合自己。

6. 划分工作板块

还差最后一步了。步骤 4 展示了如何将冗长清单归并为一系列可管理项目。下一步，要将这些项目划分进不同的板块，这能帮你把控全局，更快过滤任务。

最容易想到的划分界线就是工作和个人。这个划分很有用，但别满足于此。比如在工作方面，可以试着将项目按照岗位责任进行划分。我在老东家布兰道公司工作时，作为产品负责人，主要职责有以下 4 个方面：

- **产品开发**：通过改善产品、增加功能，扩大客户群体。
- **团队发展**：通过培训老员工、雇用新员工，确保人力资源配置合理。
- **战略发展**：致力于公司未来发展愿景。
- **自我提升**：在工作中逐步成长，不断进行自我挑战。

于是我在待办清单中创建了 4 个板块，命名为"产品""团队""战略""自我"，如下页图。这样的细分不仅给了我全局观，更重要的是，软件会把没有具体内容的板块高亮显示，提醒我该做什么。比如"个人"板块下的空白，就会激励我去寻找新思路或接受新挑战。

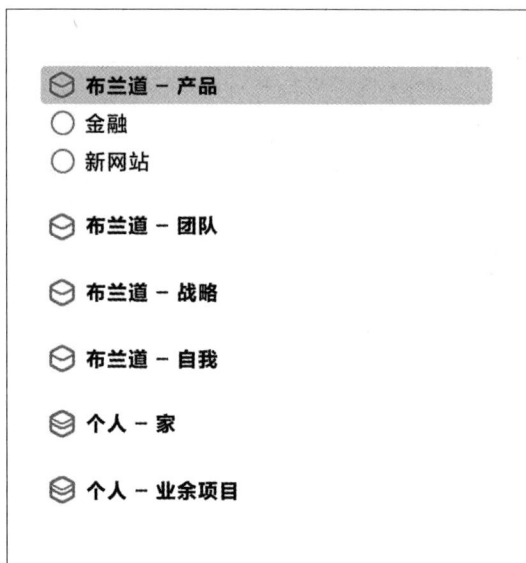

人人都有不同的工作职责。如果销售增长是你工作的一部分，你就可以把营销活动归入此类。个人项目的操作方式也一样。比如，可以将项目根据爱好或家务来划分不同板块。但是记住，要保持简单，只在必要时新增一层。

待办清单是你可依靠的伙伴

再复习一次三级火箭。第一级是日程表，第二级是待办清单。

只有日程表中有空闲时间时才处理待办清单。换言之，某个时段你无事可做，就要打开待办清单。养成时刻查看待办清单的习惯，就能让大脑真正摆脱开环，信任外部系统。

以下是查看待办清单时应该遵循的原则：

- 当前日程表上没有任务安排时，打开待办清单，过滤出今天的事项。因为你已经设置了事项的大致时间，所以能马上看出今天要做什么。
- 浏览清单，选出要做的事。无法决定？用艾森豪威尔矩阵找出重要但不紧急的事项。
- 养成习惯，优先完成反感、讨厌的任务。
- 如果在两场会议之间、午餐后或下班前有空闲时间，请花一分钟查看任务收件箱并按重要性给任务排序。

要想让待办清单真正成为可依靠的伙伴，我还有三个额外建议。

1. 设置周期性任务和项目

很多待办清单软件都能设置，无论重复周期是每日、每周还是每年，都很好用。你可以将一些行动加入日常安排中，比如我的周期性任务包括每天至少读一页书，每周检查一次用户报告的问题，每月起草一份股东报告。下图就是我设置的一个周期性任务提醒，提示我按时扔可回收垃圾。

以下事项也都属于周期性任务，你做待办清单时可以参考：

- 定期检查关键数据
- 和同事开例会
- 提前安排休假
- 查看保险条款，适时续保
- 房屋定期保养

为什么不跳过清单，直接把这些任务加入日程表中呢？好问题！日程表中的事项是需要在特定日期完成的，而周期性任务是你不想忘记但通常不限定特定日期的事项。如果我确定某项任务要在某天完成，我就会在日程表中留出相应时间。

2. 遵循两分钟原则

待办清单中包含了不同项目和工作板块，有条不紊，赏心悦目。为了避免清单过长，我遵循两分钟原则：如果一项任务不到两分钟即可完成，那我会立刻做完而不是先记录下来，这样就能少跟进一个事项！

3. 设置等待清单

在工作中，我们经常需要跟他人配合，等待他人的回复与跟进。人都会偶尔忘事或错过时间节点，所以当你需要跟他人合作完成某项工作时，有一份靠谱的清单来提醒你和谁商定了什么事就很有帮助了。这里，等待清单就能派上用场。

等待清单其实就是一个项目，类似前面说到的"某天项目"。添加所有需等待他人回复才能完成的事项到这个项目下，这样何时需要与何人联系便一目了然。如果你懒得创建等待清单，也可以用我之前说过的标签。用最适合自己的方式即可。

现在，你已经为自己创建了靠谱有效的待办清单和日程表，剩下的就是执行啦。

七大动力

纸上谈兵易，身体力行难。待办清单能告诉你需要做什么，但有时，只知道要做什么还不够，你需要一点鞭策。

多年来，我收集了七种提供动力的工具，用于每日自我鞭策。这就像一个工具箱，供我有需要时随时翻找。

请看下页这张图。当你不想开始一项任务时，左边一栏的工具最能帮上忙。当然，秉持热情、善始善终也不容易，当你无法坚持下去时，中间和右边这两栏的工具就会有所帮助。

下面，我逐一告诉你它们如何发挥作用。

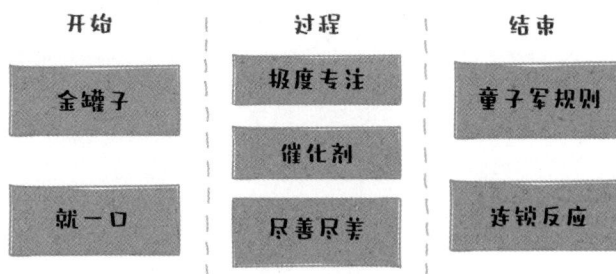

开始	过程	结束
金罐子	极度专注	童子军规则
	催化剂	
就一口	尽善尽美	连锁反应

动力 1：金罐子

有目标，就更容易开始任务并善始善终，对于那些你惧怕的任务，或曾被打断过、要重新开始的任务来说更是如此。目标感是绝佳动力。举个例子，我有个朋友想当医生，为此他必须做出牺牲、投入大量精力来完成学业。他常和我说起这样做的动力来源——想要掌握专业技能以帮助他人。这个目标就是他的金罐子。每当失去动力，他就会用目标提醒自己，重获能量。

金罐子让你保持专注、向目标前进，甚至在日常小事中也能帮助你。对我而言，井然有序的早晨能让我一天都动力十足。因此，每晚睡觉前，我都很有动力去收拾厨房、整理房间。不是我喜欢做家务，而是我知道这么做的原因。

再举个例子：我很少把招聘新员工作为重点工作，因为总有其他更紧急的工作需要处理。但我也知道，长期来看，强化团队有助于解决问题。如果我记住这个终极目标，就能更注重招聘工作。

动力2：就一口

小孩子一般都很挑食。也难怪，他们面对的是不熟悉的味道和口感。有些家长会用"就一口"方法来解决这个问题。这种方法的思路是孩子吃了几次某样食物后，就会意识到其实并不难吃，或许能就此开始对某样食物的终生热爱，比如西兰花（不行吗）。

这个方法可不仅对挑食的人管用，也可以帮助所有人迈出跨过难关的第一步。以下是使用这种动力的几个方法：

● 给自己设置一个清晰且易达成的目标。实现后，就可以停止。比如你想写100字的文章或想读5页书，但迟迟未开始。那就把任务变得尽可能小，写一行就好，读2页就好。等达成目标后，你可能会发现自己根本停不下来。

● 限定时间。比如告诉自己：现在开始用10分钟时间写提案，如果还没思路，就停下。其实这10分钟就足够让你进入状态。或者可以试试"番茄工作法"：设定25分钟，专注工作直到闹钟响起，休息5分钟，继续下一个循环。

● 从好玩的事入手。比如对我来说，最好玩的事就是拿起iPad上的手写笔，我觉得它像魔法一样新鲜。并且，将脑中的想法画下来常能带给我新的灵感。所以，不想开始一项任务时，我就会拿起手写笔把想法画下来。你可以看看有没有类似的方法对你奏效，有没有什么东西能让你迫不及待要开始工作。

动力 3：极度专注

没有什么比极度专注的状态更棒了：完全集中精神，忘记周遭的一切。但你觉得人类可以保持专注多长时间呢？根据加州大学 2005 年的研究，最多 11 分钟。还有的研究说我们无法专注于一项任务超过 3 分钟，因为总有外界信息在干扰。被打扰后，我们往往需要花费大量精力才能重新找回专注状态，这让人身心俱疲。

工作环境会严重影响专注力。如果你总是难以做到极度专注，或必须严格自律才能办到，那么不妨对工作环境做些小改变。可以采用以下建议：

● 关闭信息通知。没完没了的信息提示会扼杀专注力，因为我们没法忽视振动的手机或点亮屏幕的来电。毕竟通知就是为了让人有所行动，所以振动、提示音、鲜明色彩能马上抓住我们的注意力。想要提升专注力，可以试试关闭所有设备上的信息通知，这样能帮你控制自己的注意力分配。比如我在使用 Mac 电脑时，会将菜单栏设置为自动隐藏，只有光标浮动在上方时才会重新出现。你可以在自己的电脑或手机上做类似设置。

- 关闭不在使用中的程序。系统桌面干净，工作起来才更容易，所以我建议工作用的电子设备要做好清理，删掉没用的东西。还要养成习惯，一次只打开一个程序（或你真正要使用的多个程序），这样能将干扰降到最低。

- 买一副好耳机。耳机在办公室里很有用。可以试试降噪耳机，它能阻隔环境音，让你几乎听不到周围人在说话。我非常喜欢！

- 准备一些能提高你工作效率的音乐。很多网站都提供各类可以提高专注力的背景音或歌单，值得一试。我甚至认识一些人，听死亡金属音乐时工作效率最高。

- 改变目光所及之处。无论在家还是在办公室办公，只要你的余光瞥见有人走动，手头的工作就会受到干扰。所以请改变你目光所及之处，比如看向墙壁或窗外，都能够提高，或至少暂时提高专注力。请试验一下，看向何处对你的工作效率损耗最低。

- 尽可能在别人可以看到你的地方工作。我不知道你是否和我一样，在周边有人一起工作的办公室或咖啡厅里效率更高，因为某种被监督感让我更能专注于工作。

- 一次做一件事。这也是贯穿本书的理念。别想着一次性完成多件任务，你才能做得更快更好。

- 寻找其他提升专注力的方法。比如畅销书作家罗曼·阿拉姆写书时，会用丈夫希尔顿酒店的积分开个房间，把自己关在酒店里几天不出来。这样，她就不会被叠衣服、做晚餐、付账单等琐事干扰，可以全身心投入写作。三周内，她便能写好一部小说的初稿。

动力 4：催化剂

这个词你应该在化学课上见过，它能加速化学反应。和金罐子不同，催化剂与终点无关，只关乎进展。

中期成果展示就是工作中绝佳的催化剂。我很惊讶，这种方法竟然没有在职场中得到足够重视。看到已经完成的工作，能够让你更有动力进行下一步。就像爬山，时不时回头看看，能让你更有动力前行。下面讲讲中期成果展示的具体做法，总共有4 个步骤。

1.取得中期成果

根据我的经验，做大项目时，想要实现最终目标，就一定要不断设置中期目标并取得成果。结合反馈，继续推进，会让最终成果更上一层楼。而且看到中期成果，你会更有干劲、更加专注。

中期成果要发挥作用，需要满足两点：第一，可行；第二，有价值。

比如你要准备一场重要汇报。你的首个中期成果可以确定为简单总结汇报时要做的事，并做好PPT初稿。这个成果易于达成。

虽然整个任务尚未完成，但你有看得见的切实进展。

再比如你要设计 6 场营销活动。如果你先为客户做出一场活动的完整方案，而不是同时展示 6 场活动的简单流程说明图，他们便能更直观地看到最终成果的雏形。也就是说，你的中期成果对客户已经有了实际价值。

2. 向关键人物展示工作成果

不要想当然地认为别人知道你在做什么，你需要在过程中主动展示。我常感慨在工作中，很多人几乎没和相关人员同步工作进展。有时，我们认为只要工作做得好，就会被注意，否则就是做得还不够好。这当然是无稽之谈。大家都很忙，你要明白没人注意到不是因为你做得不够好，而是因为他们压根不知道你做了什么。你要对自己的工作进展感到骄傲，让别人知道你的喜悦！

你越早分享，这个分享对象就越关键，因为在开始阶段，你需要汲取的是正能量。人们通常认为，最亲近的人（伴侣、父母、朋友）很难给出什么好建议，因为他们不太会不留情面地指出问题。但在开始阶段，他们给你的积极反馈会鼓舞你，助你一路前行。

并且，如果过程中陷入困境，向别人展示工作成果也能起帮助作用。因为要想向客户展示有价值的内容，你就必须阐明当前进展在整体进程中的位置，比如在做好的 PPT 草稿上加几个空白页，写上第二部分、第三部分，说明之后这里会有更多内容。

这样做的过程中，全新灵感常常会悄然而至。

3. 取得积极反馈

这是我最喜欢的部分。和关键人物展示完你的工作后，可以坐等他们的反应。别害羞：此刻你应该对自己的工作感到骄傲。你创造了令自己欣喜的成果，所以为自己欢呼吧！这个阶段你汲取的正能量越多，最终的收获也会越多。

4. 将建议用于下一步

除了积极反馈，你或许还会收到改善建议，请把这些都用在后续工作中。如果你想获得的不仅是鼓励，可以在上一步展示成果时，把"你觉得怎么样"换成"可不可以帮我指出还可以改进的地方"，接着全面考虑，循环往复。

大多数软件工程师都善于使用上述方法。他们向同事公开编写的代码，于是早早就能获得反馈和鼓励。你也可以通过这几个步骤，从这种强大动力中获益。

动力 5：尽善尽美

几年前，我看了一部精彩的纪录片，叫作《寿司之神》。这部纪录片跟踪记录了时年85岁的日本主厨小野二郎一丝不苟、沉稳谨慎的日常。他每天早上同一时刻从家出发，搭乘同一班车。每天他和团队都能做出一款举世称绝的美味。小野的徒弟要经过数月训练，才能掌握师父技艺之分毫。训练艰难，但他们乐在其中。无论是按摩鱿鱼 50 分钟以达到完美口感，还是将米饭降温至恰到好处的程度，每个细节都要尽善尽美。对完美的追求贯穿了制作寿司的整个过程，纪录片精妙地捕捉到了这一点。

有了这种动力，问题就不再是如何开始，而是如何从一而终。每当我们在做大项目或永无尽头的持续性项目时，都会面临从一而终的挑战。当然，中期成果展示就能不断起到推动作用。但小野二郎及其象征的日本"改善精神"所提供的动力，同样值得借鉴。

"改善"一词在日语中代表着精进与提升。在唯目标是从的忙碌生活中，我们往往只注重结果。改善精神则恰恰相反，它注重的是过程，是对工作本身的深刻感念，是对尽善尽美的不断追求。这种观念是让人不断前进的动力。专注和重复能让你感受技艺的美丽，知晓打磨的奥义。周而复始，你就能在动手做事之前精确地预测到结果。这会让你如虎添翼，准确地知道自己在做什么、下一步要怎么做，从而减轻选择的压力。我非常推崇这种动力，强烈建议用于工作当中。

动力 6：童子军规则

当你缺乏完成收尾工作的动力时，可以在心中默念童子军规则：离开露营地时，永远让它比你来时更干净。这是我从软件工程师那里学来的方法，能促使你加倍努力。

程序员的职责不仅是开发新功能，他们大部分时间都在修改原有代码和修复漏洞。问题解决后，可能代码整体上看起来有点混乱。普通程序员或许就置之不理了，毕竟原有代码并不是他们自己写出来的，但优秀程序员有一种童子军那样的精神，一定会确保代码比自己初见时更整洁。

童子军规则很值得学习。想出色地完成任务？那就参照这个规则，不要只顾着完成任务，要在过程中注意边做边整修。如果你看到了未付账单，留个纸条让别人处理一下；如果你在编辑共享文档时看到了旧版草稿，那就做好归档。如果你能在过程中把所有细节彻底落实到位，那么最终收尾时一定会有更大的满足感。

动力 7：连锁反应

想象一下手头工作会带来的连锁反应，能在你不愿意进行收尾工作时推你一把。大多数情况下，你在做的工作或任务都是某个链条中的一环，办公室里一定有其他人的工作是建立在你的工作基础上的。你的贡献，无论大小，都是他们的起点，你为工作投入的精力能让其他人继续前进。

要引发连锁反应这一动力，就要让其他人知道你何时能完成手头任务。如果有人在等你的成果，那就要让他知道你正在处理，完成后马上告知，他一定会很高兴的。如果你不确定别人是否知道你的进度，那么记住，宁可交流过多，也不要交流过少。

在本章中，你已学会建立备用大脑，并感受到了它带来的清晰与平和。你能把大脑解放出来去做它最擅长的事：思考。送自己一个备用大脑，即日程表和待办清单，是好的开始。

下面轮到我们工作中另一个不可分割的部分了：邮件。研究表明，一个职场人平均每周花在处理邮件上的时间就长达 13 个小时。对此，我们能做点什么？如何停止无休止的工作沟通？如何最高效地处理邮件？这些内容我们将在下一章谈到。

CHAPTER. 3

你的邮箱你说了算

如果我告诉你从现在开始停止阅读或回复邮件，你会怎么想？

这是不可能的？这样做的话，既会失去旧客户，也会无法得到新客户？这样做会让你丢掉工作？……

这些想法都合理。但如果邮件这么重要，我想问你：你有没有每天在日程表中留出处理邮件的时间？如果邮件对你的工作如此重要，那么它值得在你的日程安排中拥有一席之地。

在第一章中，我们聊过如何使用日程表和安排周计划。第二章主要说的是待办清单的用法，如何解放大脑，让它去做更重要的事。现在我们要增加第三个元素，即指定时间处理邮件。没错：从今天起，邮件不再是你有空时才匆匆处理的东西。

可以先从每天安排 3 个 30 分钟的时间段开始。在每个时间段里，我都会尽可能多地处理邮件。没处理完的，就留到下个时间段。这几个时间段会分散在一天中，早上一次，午餐后一次，下班前一次。90 分钟够吗？够。对于大多数人来说绰绰有余了。

这个方法真的有效，原因如下：

- 这样做能让你知道到底需要多长时间处理邮件。这就是进步，因为现在你可能完全不知道。
- 你知道自己会在指定时段收邮件，所以其余时间你可以关闭邮箱。
- 你不用再担心忘记处理邮件了，因为这件事已经成为日程表中的一部分。

我敢说，即使让你用一整周的工作时间来处理邮件也并非不可能，因为邮件实在是太多了。过去几年，我在邮件上花了很多时间。的确，大家都很喜欢我秒回邮件，但我却因此无法集中精力于最重要的工作。回邮件就像在挠痒，越挠越痒。你发送的邮件越多，收到的也越多，多到你回复不过来。并且一旦你秒回的名声在外，情况会愈演愈烈，后果不堪设想。冷静想来，花这么多时间处理邮件真的太离谱了。这说明我们一整天都在回复、处理别人的优先事项。

随着布兰道公司在荷兰的规模越来越大，我收到的邮件也爆炸式增加。很快，我一整天的工作时间就都被邮箱支配了。我知道不能再这样下去了。后来我发现，如果彻底忽视邮件，工作效率就会大大提高。当然有些邮件很重要，但多数邮件晚点回复也无妨。于是我开始在清晨和夜晚集中处理邮件，但这样就要早出晚归，令自己和家人都苦不堪言。我必须另寻出路。但是怎么从一眼望不到头的信息中挑出真正重要的呢？如何才能不用加班，在做好工作的同时也处理好邮件呢？

其实你只有五种邮件

或许你会花一整个晚上或周六上午去处理邮件，因为清空收件箱能让你感到安心。可这样的方法会消耗你的空闲时间，且只能带来暂时的轻松。

所以我强烈建议你另寻出路，试试我的方法。不要试图把所有邮件都处理完——彻底清空收件箱，那是个不切实际的目标。我要告诉你的方法，其核心要点就是：别在其他工作时间见缝插针地处理邮件，而是每天留出固定时间段处理。在这个固定时间段内，要尽量多地处理邮件，对待邮件要比之前都更专注。这么做是有好处的。

集中处理类似任务

在日程表中将类似任务（如邮件）集中处理很容易，也很有效。原因如下：

- 有时集中起来的任务可以用同一种软件或工

具批量处理，效率很高。

- 因为工作具有重复性，因此更容易进入状态。如果在不同工作间不停切换，如会议、头脑风暴、电话、邮件，就不可能进入良好状态。

- 多任务处理并不现实。实际上，同时处理多项任务时，我们会快速来回切换状态。由于切换回专注状态需要耗费时间，因此多任务处理大大分散了我们的注意力。一次只做一件事，效率更高、压力更小。

- 你很明确手头工作的结束时间，因为你已明确要完成多少任务、处理多少信息，或者打算花多长时间。

　　30分钟听起来不长，但你试过固定时段集中处理邮件的方法后，一定会惊讶于在如此短的时间内竟然能够处理掉这么多邮件。秘诀不是要消灭邮件，而是要梳理邮件。简言之，你打开邮箱后，要先从上往下认真阅读每一封邮件的内容，然后确定如何跟进，接着与发件人沟通。

　　一般来说，你收到的邮件都可以归于以下五种中的一种，括号里是相应的处理方式：

　　1.邮件里的内容跟你无关，或你要拒绝邮件里的请求（关掉邮件，或回复发件人后存档）。

2.无须你采取行动（直接存档）。

3.需要你采取行动，且两分钟内就能完成（马上处理）。

4.需要你采取行动，但需要花点时间，并有截止时间（马上将此任务写进日程表中）。

5.需要你采取行动，且需要花点时间，但没有截止时间（将此任务加入待办清单）。

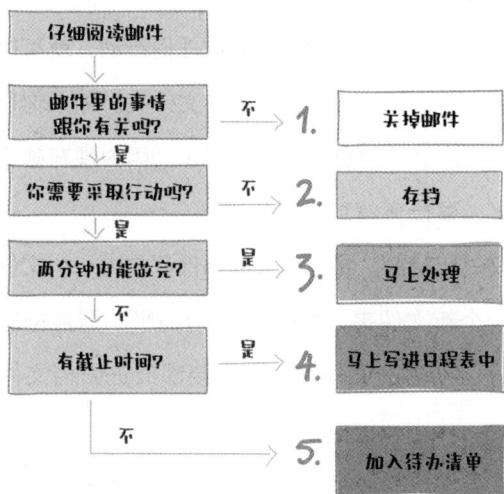

下面，我们详细说说每一个类别。

1.要拒绝的邮件

记住，永远可以说不。接受新任务前，先将其放入第一章的艾森豪威尔矩阵中。这项任务是否与你设定的优先事项相冲突？

若冲突，完全可以拒绝。

这也适用于老板或经理交办的任务。要有选择性。如果发现许多任务都和你的优先事项相冲突，那就应该早点向他们提出。从长期来看，让公司清楚你的时间主要投入在哪些方面是有好处的。而让公司意识到这一点的第一步，就是指出那些让你无法专注于自己本职工作的事情。

2. 要归档的邮件

阅读邮件后发现并不需要你采取任何行动，就可以将邮件归档了。很多人会将邮件归档到不同的文件夹。如果你也这么做，那现在可以改掉这个浪费时间的习惯了。因为现在邮箱的搜索功能不断优化，要检索信息易如反掌。

我建议一切从简。将处理过的邮件都放入一个文件夹中。你可以创建一个新文件夹，并命名为"归档"。别再每次处理完邮件都去找分门别类的文件夹了，直接都放进归档文件夹中，就这么简单。

另外，虽然现在存储空间越来越便宜，邮箱容量不成问题。但如果你的邮箱容量不足，定期大批量删除邮件比每次都思考是归档还是删除效率更高。

3. 必须马上处理的邮件

马上处理会帮你省时省力。如果两分钟内能处理完邮件里的事情，那就马上处理。这样你就不用再去查看日程表中的空闲时间或把任务加入待办清单了。

4. 马上写进日程表中的邮件

邮件里带截止时间，且要耗时两分钟以上的任务，非常适合写进日程表中。即便你知道任务耗时不会超过半小时，也不要放在待办清单里。

给自己缓冲余地也很重要。不要把工作安排到截止时间当天，至少要留出一天时间。这样，如果工作量较大或有突发状况发生，你就不会慌乱。如果一切顺利，你可以提前处理完成。

5. 加入待办清单的邮件

如果邮件里的任务没有截止时间，可以加入待办清单。一定要马上这么做，这会给你带来好处，因为事后你就不再需要花时间重新阅读这封邮件了。 要把任务描述成可执行的行动（如"询问餐厅午餐会的餐食选择"，而不是模糊的"午餐会安排"），这样等到处理任务时，你就知道从哪里入手了。

无论邮件属于上述哪种类型，都要确保发件人可以马上收到回复。要尽快回复，即便你现在不能完成对方的请求，也要让他知道你会稍后处理，但你无须明确何时处理。

比如，客户请你在下周末前发送一份报价。你查看了日程表，发现周二下午有空闲时间，于是做了安排。这时，也不是不能告诉客户你周二会发给他，但这样一来就没有退路了。因此，明智的做法是回复对方你会处理好并在下周末前发给他。你也可以在日程表上写下周五截止。这样，你这周还有缓冲时间。

别对看邮件上瘾

虽然已经有了极度高效的邮件处理方式，但我承认，要在固定的邮件时间之外忽略收件箱并不是件容易的事。我们已对邮件上瘾，这是事实，并非空穴来风。

曾任教于斯坦福大学商学院的学者尼尔·埃亚尔在《上瘾》一书中分析了现代人对电子产品上瘾的原因。我们都很熟悉那种想查看信息的冲动，真的很难抗拒。早上醒来后，排队结账时，甚至和朋友聊天时，都忍不住查看信息。埃亚尔认为这一切并非偶然，因为信息推送技术的目的就是让人们养成习惯，它符合以下特点：

1. 既有乏善可陈的内容，也有令人振奋的消息，让人心生期待，你永远不知道会收到哪种信息。

2. 随手就能打开。

3. 界面上抓人眼球的红点很能吸引人的注意。

4. 给予成就感，带来即时满足。

美国著名媒体人查尔斯·都希格在《习惯的力量》一书中解释了成瘾机制。他说，每种成瘾都有三个共同点：提醒、习惯、奖励。邮箱就像一个巨大的奖励池。打开收件箱，你可能会收到表扬、录用通知、朋友来信。当然也有可能（应该说是相当有可能）收到坏消息，但收到好消息的可能性总是更高，这就是上瘾的原因。即使邮件内容并不惊天动地，我们还是得到了小奖励，那就是暂时的安心。我们会觉得自己消息灵通、没有脱节。

大多数时候，手机或电脑会提醒我们阅读邮件。如果读完第二章后，你关闭了这些提醒，那就解决了一个极大的问题来源。除了源源不断的通知推送带来的"外部触发"，当你心不在焉或工作进展不顺时，也很容易主动打开邮件。这是一种简单的逃避方式，因为回复邮件让你觉得好歹做了点事，还让你暂时从真正该做的复杂任务中解脱出来。

都希格认为人不可能不对邮件上瘾，因为每条新消息都像一份小奖励。但是也有其他方式可以满足你的大脑。同样是为了获得奖励，你可以用好习惯来替代坏习惯。比如当注意力不集中时，有人用散步代替查看邮件，有人做俯卧撑，你也可以试试奖励自己一杯咖啡。

我个人的解决方法是对邮箱做个设置，让它每隔一段时间才刷新一次，这样邮件就不会即时出现在收件箱中。否则每次打开邮箱，我都会被新邮件干扰。

邮件不仅让人上瘾，还经常毫无意义。其实它本身对我们没有太大用处，只是一个载体，偶尔搭载一些珍宝。真正重要的是附件、汇报文档及手头的工作。不信的话，现在就打开收件箱看一眼，里面有多少内容真正对你手头的工作有所帮助？没错，收发邮件本身并不能帮我们完成什么任务，恰恰因为如此，它成了干扰源。你可以无休止地来回发邮件，谈论需要完成的事项和计划，讨论各种方案，从多方面论证你的观点，但实际上你只是在逃避真正该做的事。

不要为了发邮件而发邮件。

那么，如何识别来来回回的邮件是否已偏离正轨呢？其实，不难发现警告信号。如果邮件数量超出会话中的人数，或者讨论已偏离了邮件最初的主题，就要当心了。当然，你可以努力将话题引回正轨，不过更好的方法是改变沟通方式——打电话、视频聊天、面对面交流，或到同事座位前直接交流。虽然没人喜欢开会，但15分钟的线上或线下碰头，比继续发送含糊不清的邮件强得多。

回复邮件前先问自己：我真的要说点什么吗？如果你确实没什么有用的内容要补充，就不要说话了。当然，最好提前告知团队成员你的这种处理原则。我敢肯定，很快你们之间要发送的邮件会大大减少，而这对所有人都有好处。

我知道，即便对邮件上瘾也是被迫的，谁都不想被无休止的邮件牵着鼻子走。下面的七个窍门，能让你真正成为自己邮箱的主人。

1. 别总想着清空收件箱

清空收件箱或许是掌控邮箱的一个有效方式，但我本人并不喜欢。清空意味着目标是收件箱里空空荡荡，将全部邮件都回复完成就胜利了。但这个方法的关注点大错特错。你处理的大多数邮件都是别人的需求和要事。如果可以把时间花在自己的要事上，你和你的老板都会更开心。

2. 了解邮箱的功能

每天要花这么多时间在邮箱上，邮箱功能自然值得好好探索一番。邮箱功能包括个性化阅读窗格、快速检索邮件、联系人分组等。尝试过各种邮箱后，我选择了 Gmail。当然，有时候我们没法为自己挑选邮箱，因为公司有指定的选择。不过，别因此就停下探索的脚步，你还是要把公司指定邮箱的各种功能弄清楚。

3. 使用快捷键

这一点适用于所有软件，但对于邮箱来说是重中之重。它可以助你更快速轻松地写邮件、查看收件箱、归档信息、发送及检索邮件。这些指令你几乎时时用得到，因此使用快捷键而不是点击鼠标，能马上为你节省时间。

4. 使用快速回复模板

你会发现有时候回复邮件的措辞千篇一律，所以设定模板并重复使用这些回复能为你节省大量时间。比如，可以用你最喜欢的记事本程序来复制、粘贴这些常用语。这样不仅能让你回复得更快，还能更好，因为你可以不断优化常用措辞。

5. 未读不等于待办

很多人会习惯于只关注未读邮件，我不建议如此，因为这样很容易忽略待处理的邮件。如果你浏览了一封邮件，但忘记将其标记为未读，就很可能会忘记处理。

那么怎样才能不忘记处理邮件呢？请养成手动归档已处理邮件的习惯，让留在收件箱中的邮件都是待处理的，一目了然。对我来说，将邮件拖入归档文件夹中的那种满足感，简直太棒了。

6. 守护收件箱

我对于什么内容可以进入邮箱的收件箱一直都很挑剔。我不需要来自脸书和推特等网站的推送和更新，一定会取消这类邮件订阅。如果你不想取消，也不想让它们弄乱你的收件箱，可以试试邮箱过滤功能，能把来自特定发件人的邮件自动归档。

7. 开会时别查看邮件

开会时查看邮件的习惯需要马上改正。试想，你正在跟别人讨论重要的事，对方却分心去查看邮件，这一定会让你非常不悦。

有人觉得查看一下邮件别人也不会注意到，其实最要命的是开会时处理邮件非常消耗时间和精力。因为你的注意力既不能集中在当下讨论的事务上，也没有完全集中在阅读和理解邮件上，回复时也词不达意。

如果你总是不得不在开会时回邮件，那就请审视一下给自己安排的 3 个邮件处理时间段是否合适。如果你认为参加的是浪费你时间的会，处理一下邮件好像也不赖，那么这样的会你从一开始就不应该参加。

写邮件的时间越短越好

邮件不是报告，不需要精雕细琢，写得越快对你越有利。想写出更好的邮件？我的三大建议是：目标意识、简短有力、积极主动。

首先要有目标意识。写邮件前，先想想这封邮件的目的是什么。你是想得到回复，想告知对方某件事，想动员对方做些什么，还是想要说服对方？目标清晰，就能写出更好的邮件。

无论邮件的目的是什么，都要简短有力，直击要点。你写邮件就一定希望收件人有所行动，但大家都很忙，长邮件就意味着麻烦。如果邮件直击要点，所提的问题看起来容易回答，那你就能收到更快更好的回复。内容太多？可以考虑分几封邮件，也可以直接打电话或面对面和对方讨论。

另外，要向营销人员学习，他们以标题吸引读者点开文章的技术可谓炉火纯青。清晰的标题能立刻吸引收件人。比如，你要为一项简短的提案收集反馈，那么邮件标题可以写"能否看一眼这份简短提案"。

如果你的目标是缩减对方处理邮件的时间，提高效率，那就要在写邮件时更加积极主动。比如，与其在邮件里提问题，不如提建议，这样收件人只需回答"好"或"不好"即可。对方越忙，这个方法就越奏效。

其实，只要你一开始直接提建议，就完全可以避免冗长的邮件往来。如果对方很忙，你可以提出三四个备选方案，这样一个来回就可以敲定会面。比如你可以这样写邮件：

"我想和你喝杯咖啡，讨论讨论 X 项目。下周三早上 10 点在你办公室见面是否方便？我周三全天都有空。或者周四早上 11 点之后也可以。"

没什么信息是必须即时回复的

对于大多数人来说，网上交流不局限于邮件，比如多数企业都会使用各类通信软件。但和邮件一样，我们要想好如何使用通信软件，因为它存在一个很大的弊端：大家都希望对方可以马上回复，这就带来了巨大的回复压力，尤其是在下班时间收到工作信息。一旦你看到了信息，无论轻重缓急，都很难置之不理。如果等到第二天早上才回复，你就自求多福吧。

想有效利用通信软件？以下是我的建议：

● 适时关闭通知。要专注于手头工作，就不能总让这些软件打扰你。担心错过老板的重要信息？大多数软件都可以设置为只接收特定人的消息。还有，我建议你尽量设置静音模式。当然，要确保所有人都知道在紧急情况时如何联系到你。

- 使用状态设置。通信软件都有一个状态栏，可以输入一些简短文字，说明你在哪里、做什么，这样其他人就知道你在出差、开会、休假或是工作。无须提问，省去麻烦。

- 开门见山。你一定很烦收到"在吗"这样的信息，必须要回复"在，什么事"之后才能开始讨论正事。虽然发送信息的人只是想要有礼貌一些，但收到的人会觉得好像要被迫马上回复，并且还不知道对方究竟要说什么。

- 将聊天邮件化。当有人在通信软件上问我问题时，我会当作邮件来处理。这个任务是否两分钟内可以完成？可以的话，我当下就会完成。如果需要更长时间，我会写在日程表上或加入待办清单中。用这样的方式将即时通信加入我的日常工作中，能降低忘记重要事情的风险。

- 使用快捷键。和邮件一样，使用即时通信软件的快捷键也能为你节省大量时间。牢记之后，好处多多。

读完本章，你已学会如何处理邮件等信息。你可以先从每天给邮件腾出 3 次半小时开始，然后按照自己的节奏，逐步地使用其他方法。

邮件就是我们的第三级火箭，但之后还有很长的路要走。现在，你已按前三章的方法搭建了有效工作的系统，下一步就是维护好这个系统，让它持续发挥作用。

CHAPTER. 4
每周的 30 分钟复盘

日程表安排好了，待办清单条分缕析，每天也都留出了固定时间认真处理邮件。干得好！你已经为大脑奠定了清晰和平静的基础。但是别停下来。因为如果不能有规律地维护三级火箭系统，它很快也会瓦解。维护的方法也很简单：每周拿出 30 分钟时间更新日程表、清空待办清单。

我在阅读戴维·艾伦的《搞定》时，第一次接触到"一周回顾"这个概念，现在我已经离不开它了。这个方法简单有力，接下来我会带着你一起建立这个习惯。

为什么是每周一次，而不是每天一次或每月一次呢？想象一下，如果厨房水槽里的碗筷一周不洗，当然会堆积如山，但我们也做不到每时每刻都保持案台和洗碗机干净整洁。一有脏碗马上就洗，效率极低，但一直不洗，你又会很快无碗可用。和洗碗一样，掌控工作也要寻求正确的平衡。对于工作，一周回顾一次的节奏恰到好处。这样你既能灵活调整，又能掌控全局。

一周回顾能为你的工作计划织一张安全网。无论每个工作日有多混乱，不断有会议要参加，还需要到处救火，复盘都能助你回归正轨。有了它你便不惧混乱，因为你知道到了这个时候将重获新生。

做复盘要找到最佳时间，我选在每周五下午。为什么选择周五？很简单。我希望让大脑在周末得到放松，周一就能重新开始。周五下午回顾日程表和待办清单的感觉非常棒，它让我知道自己已经发现了还未完成的任务并做好了安排，这样周末就可以轻松度过。不过，我也知道有人喜欢在周末做复盘。我还有朋友会在周一上午做复盘，因为这样能给他的一周注入新能量。无论你选择什么时间，重要的是持之以恒。

每周复盘要花多长时间？一般来说，半小时足够了。但刚开始时，可以给自己一个半小时来好好梳理。

在我解释完一周回顾的理念后，大多数人会立刻开始照做。谁会拒绝让自己的大脑感到清晰与平静呢？那下面我以自己的周五复盘为例，告诉你进行一周回顾的具体方法。复盘有两个步骤：回顾过去的一周，展望新的一周。

第一步：回顾过去的一周

首先，找出过去一周的任务残骸，并且清理。突然看到这么多遗留事项时先不要揪心，因为这些才是我们要做回顾的重要原因。

1. 查看日程表

这部分最能带给我内心的平静，而且操作非常简单。我是这么做的：逐一查看过去一周我安排的会议和工作，问自己：

- 我做笔记了吗？有没有会议纪要？（如有，我会查看，并将未完成的事项列入待办清单。）是否有其他我想要或需要跟进的事情？
- 是否需要安排跟进会议？若需要，是否已安排好？
- 过去一周我是否完成了计划中的全部事项？是否已通知所有相关人员？

2. 浏览各类待办事项

你可能已将过去一周的所有事项都添加进待办清单了，现在要做的就是将任务化为行动，使之清晰可行。此外，我敢保证你一定在不止一个地方记录了待办事项，这时就要花点工夫来查看一下了。这些地方可能包括：记事本、办公桌上的便利贴、邮箱收件箱（快速浏览，确保没有忽略本周重要事项即可，不要陷入其中不可自拔）、纸质信件、下载的文件、聊天软件里的对话。

3. 检查进行中的项目

逐一查看待办清单中的项目：

- 将措辞模糊的任务化为清晰的行动，最重要的是确保已明确各任务的下一步骤。

● 是否需要新增任何项目？是否可以删减旧项目？

● 你的项目和指定工作板块是否发生了变化？这很关键，可以避免遗漏事项。

● 是否要给你"等待清单"上的人员发送提醒？

● 别忘了"某天清单"，看看有没有下周可做的任务或项目。

第二步：展望新的一周

完成复盘的第一部分后，要确保你已经很清楚下一周的重点事项了，然后开始规划新的一周。

1. 新一周规划

第一章中，我已详细地说明了如何做好周计划。现在，我们要再做一次。来回忆一下：

● 选择和你的工作职责及目标一致的工作。

● 平衡紧急和重要的工作，尽量多安排时间去做重要但不紧急的任务。

● 少即是多。保守地规划，因为我们很容易大包大揽。试着将本周的优先事项压缩至两到三件事。

记住这几点，你就可以进行一周规划了。可采用以下 6 个步骤：

1. 留出时间给重要工作、会议及会面。

2. 与会人员是否都已确认？

3. 是否考虑了到达会场所需的出行时间？

4. 是否安排了会议准备时间？

5. 是否还需要其他会议相关信息？

6. 看看已经在日程表上做好的一周安排，是否有什么事项非必要或多余？能否取消？

2. 为新一周设定具体目标

目前，你还没有具体目标。这很正常，因为大多数规划和梦想都只是大脑里的半成品。在第九章我会详细告诉你怎样合理地制定目标，现在只要记住一点——逐点审视你的工作计划，让目标具体、清晰。

布兰道公司每季度都会做一次评估，来复盘上一季度各个团队的表现。我们发现，有一个问题总是反复出现，就是我们在做工作安排时往往会忽略自己的目标。多么可惜！这让我知道要把目标作为每周工作安排时的基础。

3. 列出复盘清单

接下来要创建复盘基础清单。清单包含对你而言重要的事，涵盖你的工作以及个人生活。多年来，我的清单里都有一个固定事项——回顾产品团队的会议笔记，因为这份笔记对我来说很重要。我认识的人中，有人把备份工作资料作为清单上的固定事项，有人力资源经理将给员工发送新闻邮件作为固定事项。你清单上的固定事项和重点由你决定。一份个性化的清单，能将系统作用发挥到极限。以下是我的个人清单：

○每周复盘清单○	
○标准清单○	○我的清单○
○回顾	
回顾日程表＋会议笔记	回顾日程表＋会议笔记
浏览收件箱	浏览收件箱
回顾项目	回顾产品团队会议笔记
	回顾产品
	清理电脑桌面及下载的文件
	评价我的能量水平＋记录我的观点

○展望○	
填写日程表	填写日程表
	回顾目标
	结清未付款
	重新阅读个人使命

4. 更进一步：反思过去一周，吸取教训

　　每周复盘很适合清空待办事项并规划新的一周，也适合反思过去的一周，总结有价值的观点，知道什么可行什么不可行。

我会给自己每天每个工作时段的能量水平打分并写下原因，这有助于我找到自己的工作规律。下列这些问题，你都可以添加到复盘中：

- 本周你最骄傲的工作成果或个人成就是什么？
- 你是否按计划完成了最重要的事项？完成或没完成的原因是什么？
- 本周最重要的经验教训是什么？本周的收获是什么？

我给很多人都做过每周复盘的培训。所有人都无一例外地表示，这种简单方法使他们可以完成任务，并更好地开启新一周。但是也要小心一些误区，我最常听到的问题就是："我安排了每周五的复盘，但是没坚持下来。"听起来是不是很熟悉？你知道复盘会让你内心获得平静，但就是没办法坚持？以下几点可以帮到你：

- 你是否可以坚持完成日程表中的规划？记住：日程表是神圣的，是你一周工作的基石。你可能要花点时间适应，但你越是能够坚持，它对你就越有效。要把每周的复盘定为日程表中铁打不动的一项安排。
- 我安排的复盘时间合适吗？我说过，我喜欢在周五下午进行复盘，这是进入周末的绝佳方式。但是，你要花时间进行尝试，找出最适合自己的时间点。如果周五下午经常有人找你帮忙，那么尚未忙乱的周五早上可能更适合来复盘。也可以找除周五外的时间。或者将复盘作为一种小奖励：我有个朋友把复盘时间当作茶歇时间，边喝卡布奇诺边复盘。

- 复盘时间是否过长？如果你发现复盘很难完成，可能是因为内容过多了。目前，你只要专注于梳理、更新任务，别一边复盘一边处理未完成的任务。我知道在梳理的过程中，会忍不住想随手做点实质性工作，但如果你总感觉复盘时间不够用，那还是先集中精力做复盘比较好。

- 几次复盘过后，你便会驾轻就熟。届时，你可以利用两分钟原则。如果复盘时，你看到有任务可以在两分钟内做完，那就当场完成吧。其他任务则加入待办清单或日程表中。

- 还是难以坚持？试试看和别人组队，一起复盘。这个人不一定要是你工作中最密切的同事，也可以是任何能够给你动力的人。第十二章中，我们会讨论如何结成这样的联盟。

总之，如果只能做一件事来改善你的周计划，那就是每周复盘！

CHAPTER. 5

全年计划制订日

在第四章中，你已经知道如何进行每周复盘，也知道了如何通过复盘来回顾过去的一周、展望新的一周。那怎样更进一步，展望未来一年呢？

大多数人都很忙，能回顾过去一周就不错了，很少会花时间去思考未来一年要做什么。这时候，就该设定一个全年计划制订日，做好年度复盘了。在本章中，我会告诉你如何回顾过去一年、展望新的一年，从而充分利用全年时间。

我是从美国作家、环球旅行家克里斯·吉勒博的博客中学到"年度回顾"这一理念的。2014 年，我按照他给出的步骤，第一次细致地做了年度回顾，收获颇丰，于是一直坚持。通过年度回顾，我做到了很多事，比如：

● 我思考了自己想在工作中扮演的角色，并报名了相关
  培训课程，调整了工作内容。

- 我反思了管理团队的方式，找出需改善之处，并付诸行动。
- 我制订了加强锻炼、多做演讲、练习吉他的计划。
- 我决定不再泡在网上看视频，从而省出大量时间来处理其他事务。
- 我开始组织家人、朋友一起外出游玩，比如邀请母亲一起去帆船自驾游（母亲是帆船好手，而且我发现她很会教人）。

花上几小时做个年度复盘，就能让新的一年过得更加充实，是不是很划算？来看看怎么做吧。

年度复盘：没有老板参与的自我绩效评估

和每周复盘一样，年度复盘也包括回顾和展望。但年度复盘时要思考的内容和每周复盘完全不同，关注的是长期而非短期。复盘时要思考过去的 12 个月，还要畅想即将到来的 12 个月。

什么时候进行？无所谓，你自己定，适合你的节奏就行，但要确保时间充裕。我喜欢将复盘安排在圣诞到新年之间这段安静的时光。我会空出连续两天时间，专注于年度复盘，这样就能悠哉地回顾过去一年，并畅想新计划。不过，虽然留出大段时间做复盘会更好，但如果时间紧，一个下午其实也能搞定。

如果你想让本章介绍的复盘方法发挥最大作用，那就先别往下读了。打开日程表，就在本月留出至少半天时间作为你的全年计划制订日。制订全年计划有三个步骤：回顾过去，头脑风暴，设定目标。感觉任务艰巨？别担心。我们一步步来，先从回顾过去开始。

全年计划制订日

回顾过去	头脑风暴	设定目标

回顾过去

1. 回顾亮点和不足

因为日程表是基石，所以要从日程表开始。打开日程表界面，一周一周往下拉。如果你用日程表的时间还不长，可以回到之前的空白月份，看看能否回忆起做了什么。

看日程表的同时列一张年度亮点和不足清单，并写下每件事对应的月份。想想哪些事做得不错？哪些事值得骄傲？将这些填入亮点清单中。哪些事有改进空间？将这些填入不足清单中。我喜欢用电子设备来做这份清单，你也可以用纸和笔。制作这份清单时的感觉非常棒，在下拉查看一年的事件时，我总能想起一些之前彻底忘记的事。你还可以跟家人一起进行这个步骤，有时看看父母、妻子、孩子们想到的亮点和不足也很有意义。

现代人常常随手拍照，手机里存了很多照片。因此，可以回看过去一年的照片，把你对一些照片的想法也写进亮点或不足清单中。

另外，如果你写日记，可以快速翻一遍。日程表并不会告诉你某天的具体感受，日记则可以提供这部分的宝贵内容。你也可以刷一下自己在社交媒体上发过的帖子。过去一年里你记录得越多，可以回顾的材料就越丰富。

2. 回顾曾设定的目标

回顾去年设置的目标是年度复盘的重要环节。请打开新的页面或拿出空白纸，写下每个目标的内容以及是否达成，我还喜欢写下哪里做得好或不好。回顾目标时问自己几个问题：是否达成了原定目标？是否全力以赴了？是否在过程中忘记了目标？是否调整过目标？是否失去过兴趣？从这段实现目标的经历中学到了什么？

若你在去年没设置过清晰的目标也不要紧。可以简单写下几句话，描述过去这一年想做的事，以及做到或未做到的原因。

完成这一步后，你就拥有了三份清单：年度亮点、年度不足、全年目标回顾。

3. 分类回顾

现在，可以按照你的情况，对过去一年的事项进行分类。有了分类，我就不会过度集中于工作，而忽略了其他方面。以下是我的分类方式：

☐ 工作　　　　　　　☐ 业余项目

☐ 小家庭（伴侣和孩子）☐ 趣事

☐ 大家庭　　　　　　☐ 帮别人的事

☐ 朋友　　　　　　　☐ 该放弃的事

☐ 健康　　　　　　　☐ 金钱——收入

☐ 精神生活　　　　　☐ 金钱——存款

☐ 技能

分类完毕后，在每个分类下进行总结，逐一写下想法。慢慢来，不着急。这些思考很有价值，能在来年助你一臂之力。做总结时可以问自己这几个问题：

- 我做了什么？
- 我没有做什么？
- 我满意和不满的地方分别是什么？
- 什么给我带来了能量？什么绝对无法给我带来能量？

比如，以下是我在"朋友"分类中做的总结：

朋友：
- 去年和朋友成立了读书俱乐部，并且已经分享了 4 本有趣的书。这是很棒的开始。

● 偶尔和尤尔根小聚，但还是聚得太少了，希望之后可以多和他见面。

对自己诚实

人们往往低估了自我绩效评估的作用，其实它能让你收获满满。自我绩效评估时没有压力，用不着只说别人喜欢听的内容，因为你只向自己汇报，可以按照自己的方式来。在这个过程中，你能发现自我，制订出下一步的行动计划，简单直接地实现自我提升。态度决定高度，坚持这样做必有收获。

4. 按季度回顾

现在，把时间单位调整为季度。对照步骤 1 中的亮点和不足清单，写下对过去一年各个季度的印象。只要简单写几句，描述你记忆犹新的事情。以季度为单位进行回顾，能让你更容易地看出过去一年最特别的是什么，有什么事让你震惊、意外或备感自豪。

比如，我的季度回顾是这样的：

- 第一季度：假期很美好。不过，我应该在休假前把工作交接得更好些。这个冬天不太冷，所以我重新开始骑自行车了！本季度我同时做 3 个项目，出色地完成了其中的 2 个（新的营销活动及 App 上线）。我本想和更多朋友见面，但是没有实现。我在家里后院搭了个露台。

- 第二季度：本季度基本没完成什么目标。花了很多时间在露台上放空。幸福！工作得还算努力。

- 第三季度：重新做了工作安排，减少了在不重要事项上的时间支出。这个季度取得了很大的进步。回头看看，要是在这个季度休假一周就好了。另外，这个季度我书读得不够多。

- 第四季度：总算把车库打扫干净了（这件事我拖了好几年）。这个季度天气不好，我的状态也不佳，易疲劳，总是很早睡。从上司的反馈中收获很多，马上就采用了她的一些建议，效果显著。

这些思考非常有价值，在我做年度计划时，能够发挥重大作用。

5. 反思整年

这是最后一步。你已经复盘了本年度的亮点、不足和设定过的目标，还分类别、分季度地进行了总结回顾。现在，是时候做一个总体的反思了。请你用一段话描述过去一年：你过得如何？是否满意？

经过前面5个步骤之后，你会得到一份如下所示的年度回顾报告。

1.回顾亮点和不足

哪些事项进展顺利？我对什么感到满意？今年的亮点是？

- _____

哪些事项可以做得更好？我对什么不满？今年的不足是？

- _____

2.目标回顾

我设定过哪些目标？是否已达成？达成或未达成的原因是？

- 目标1 _____
- 目标2 _____
- 目标3 _____

3. 分类回顾

工作 _____

伴侣及家庭生活 _____

朋友 _____

4. 季度回顾

季度 1 _____

季度 2 _____

季度 3 _____

季度 4 _____

5. 反思

今年我 _____

当然，你不一定非要用列清单的形式来做年度回顾。我姐姐的年度复盘是画出来的。她以思维导图的方式进行复盘，会用到色彩、符号和小涂鸦。我多希望自己也有这样的才华。

回顾过去一年，你会受益匪浅，最重要的是能重新回忆起早就忘记的亮点。即便在困难重重的日子里，这样做也总能让我更感怀生命中的种种好事。我希望它对你也有这样的效果。

头脑风暴

做完年度回顾后，你一定会迫不及待地想要写下所有期待的改变，并将其作为明年的目标。先冷静些。试想，如果你要买车，不可能出门看到一辆还不错的就马上买下。因此，你真正该做的是花点时间来头脑风暴，探索更多可能。毕竟，你做出的选择会影响接下来一整年的生活，所以要给自己一个好好思考的机会。做这个头脑风暴可以不切实际、天马行空，最好完全不设限，别管可能会遇到什么阻碍。

具体方法很简单，把刚才做年度回顾时的分类回顾再拿出来，在每个类别中写下令你兴奋的事。选择适合你的方式，可以像我一样在每个分类下面列清单，也可以把每个想法画出来，做成思维导图，像我姐姐那样。电子版或纸质版都可以，重点是要尽情释放想象力。

下面给你一些提示，帮你打开思路。你可以直接照做，也可以增加其他内容。最后的小建议：保存好这个问题清单，明年还可以再用。

1. 工作

- 我对现在的工作满意吗？

- 我还想继续做这份工作吗？

- 我想要增加工作量吗？

- 我想要减少工作量吗？

- 我想做哪类项目？

- 我想学习什么？

- 我需要提升什么技能？

- 我想要尝试什么新事物？

- 我应该少做或不做的事是什么？

- 我可以在当前岗位上再做 3 年吗？

- 我最常收到什么样的反馈？

- 我擅长什么？在此基础上我该如何发展？

2. 小家庭（伴侣和孩子）

你、伴侣和孩子构成了一个小家庭，想想你该为这个小家庭做的事情。

- 我希望跟他们一起做什么事？

- 最近我们在一起的时间多吗？

- 我们有哪些计划可以一起实行？

- 我们的关系中有什么是需要改变的？

- 我还应该为他们做些什么？

- 我应该少做或不做的事是什么？

3. 大家庭

列出一份与你保持联系的家族成员的名单，写下你对每个人的想法。

- 我可以为他们付出什么？
- 他们可以为我付出什么？
- 我是否应该深化我们之间的关系？若是，应该怎么做？
- 我最近和哪位家族成员失去了联系？我是否该为此做点什么？若是，要怎么做？

4. 朋友

生活琐碎，有时候我们会忽略自己的好朋友。请列出清单，写下好友的名字，然后思考下面的问题。

- 我可以为他们付出什么？
- 他们可以为我付出什么？
- 哪些朋友对我最重要？
- 哪些朋友让我收获最大？
- 我希望在跟谁的关系中多些投入？
- 哪些朋友带给我负面影响？
- 我想找回哪些失去联系的朋友？

5. 健康

- 我睡眠充足吗？睡眠质量好吗？

- 我的饮食是否健康多样？

- 我的运动量够吗？

- 我满意现在的生活习惯吗？比如晨间或晚间习惯。

- 我饮酒适量吗？

- 我是否对什么成瘾（别忘了手机、社交媒体等）？

- 我是否定期看牙医？

- 我的情绪是否稳定？

6. 精神生活

- 我对自己的了解有多少？

- 精神在我的生活中扮演什么角色？

- 我是否想要更丰富的精神生活？

7. 技能

- 我想学什么？

- 什么技能有助于我的工作？

- 学习什么技能很有趣？

- 我是否想学习一门新语言？

- 我喜欢弹奏什么乐器？

- 我希望自己擅长哪项运动？

8. 业余项目

业余项目是你在主业之外做的事，可以是学新东西，也可以是赚外快，比如非全日制学习、开网店、上摄影课或写博客。你可以问自己这些问题：

- 我想开始哪些业余项目？
- 目前哪个业余项目让我充满干劲？
- 我想继续哪些业余项目？
- 我想结束哪些业余项目？
- 业余项目是否占用了太多时间？
- 业余项目让我对主业产生了哪些思考？

9. 趣事

起初两年，我并没有将趣事列为一类，导致我的新年计划很严肃。所以，别跳过这一项，它和其他类别一样重要，能让你拥有完整圆满的一年，且必将让你好事连连。

- 业余时间我喜欢做什么？
- 今年我要做些什么来放松自己？
- 如果一整天都没有任何安排，我最想做什么？

10. 帮别人的事

帮助别人的含义十分广泛，可以是金钱，也可以是其他。做好这方面，你也会拥有更多可能性。

- 你能为世界做出什么贡献？可以从时间、善举或金钱
  方面考量。
- 你可以传授他人什么技能？
- 你可以为他人介绍良师益友吗？
- 你是否愿意献出一定量的时间或金钱？
- 反思你的时间规划，能否在利己和利他之间找到平衡？

11. 该放弃的事

这一类别是我几年前新增的，毕竟旧的不去，新的不来，放弃亦有好处。

- 什么东西在消耗你的精力？
- 你的哪项职责可以转由他人承担？
- 你最好放弃哪些正在做但并不擅长的事？

12. 金钱——收入

- 近期是否有什么因素会严重影响你的收入？
- 我希望我未来的收入来源是？
- 我需要多少钱？
- 我的消费习惯如何？

13. 金钱——存款

- 我的存款目标是什么？为什么？

- 我是否要开始为未来的某些大额开销存款？如养育子女、大学学费或购房？

- 我的存款占收入的比重？

- 我是否要开始进行养老储蓄？是否要开始改变投资计划？

设定目标

完成了回顾过去和头脑风暴后，我们来到了最后一步：设定目标。这一步非常简单，不需要思考全年目标，只要想想接下来三个月的目标即可。

为什么是三个月呢？首先，对于设定具体目标而言，一年真的太长了。你会不知不觉忘记，或者因感到负担重而一拖再拖。但是，一个月又太短，才刚取得实质进展，就已经要总结陈词了。相比之下，设定季度目标最为合理。我自己在工作中就有亲身体验，我身边的人也是一样。

不用给每个目标设定具体截止时间，在季度末完成就好，这样你就少了一件要操心的事。

1. 按类设定第一季度目标

现在来看看头脑风暴环节得出的结果吧。从每个类别中，挑出 1 到 3 个你想在下一季度实现的愿望。怎么挑？看看自己对什么最有热情。比如，我的目标雏形如下：

工作

- 提高演讲水平
- 成为重点项目负责人

大家庭

- 定期和母亲打电话

健身

- 参加跑步比赛
- 开始学游泳

虽然我对这几个目标充满热情，但它们并不可度量。所以，我要将其转化为可度量的目标，这样才能更好地实现。经过转化，我的目标是这样的：

1 月至 3 月目标

工作

- 阅读一本关于演讲方法的书
- 做一次演讲并听取两位同事的反馈

- 成为公司网站项目负责人

大家庭

- 每周和母亲打一次电话

健身

- 参加 1 万米长跑比赛
- 每周游泳一次

我能听见你心里在想：连和母亲打电话也要当作目标吗？这样不是会变成一种负担吗？我的回答是：完全不会。再说，要定什么目标自己说了算。对我来说，将腾出时间给家人、朋友作为目标会更好。我怎么知道？因为和父亲的周末出游，和母亲的帆船出海，都成了我的年度亮点。你也不妨试试。而且，你可以随时喊停，不会有什么损失。

现阶段你或许对自己设定的目标没有十足把握，想让上司给你点建议。别担心，相信自己，没有哪个上司会反对这样可度量的目标！尽管勇往直前，为自己设定尽可能具体的目标吧。

2. 精简第一季度目标

你已经为未来三个月设定了具体、有挑战性、可度量的目标，可能有 5 个、15 个，甚至 20 个。但是，目标过多会让人疲于应对，所以不如精简数量，并力求全部达成。少即是多。在缩减目标清单时，可以考虑下面几个问题：

- 完成这些目标，是下一季度里真正重要的事情吗？
- 下一季度中，是否有一些你在头脑风暴时没有想到的事件或活动会占用大量时间？比如，你的目标是每周游泳一次，但是现在要去参加为期三周的远足活动。遇到这样的情况，就必须调整目标。
- 目标是否足够有挑战？你是否能平衡好目标和延伸目标？

3. 设定其余三季度的大致目标

定好第一季度目标后，可以想想剩下三季度的大致目标。先别急着具体写，有大致方向即可。你可以翻出头脑风暴的笔记，找出尚在酝酿中的事情。比如，我的其余三季度的大致目标是这样的：

第二季度

- 清理阁楼
- 招聘实习生
- 海滩度假

第三季度

- 启动公司和市政府的合作关系
- 多来几次海边一日游

第四季度

● 假期多陪伴家人

可以看出，我的清单中既包括了比较清晰的工作项目，也有一些模糊的想法，在年末我还提醒自己多花时间陪伴家人。这最后一点是我从去年的反思中提取出来的。虽然现阶段这些目标并非板上钉钉，但是它们就像清晰的路标，沿途给我指引，并能帮助我为之后的三个季度设定具体目标。稍后我还会具体展开说明。

完成了这一步，你就完成了新一年的年度计划。迫不及待要行动起来了？好极了。

写下来就更容易实现

设定目标是一回事，真正实现则是另一回事。过去几年，我发现目标能否实现，和目标被自己或他人提起的次数有关。这让我明白了重要的一点：要想提高目标实现的可能性，就要多次想起这个目标。

那么，有没有一个简单的方法，能帮助我们记住季度目标呢？有！我们早已拥有了这个完美的方法——每周复盘。请把季度目标添加到日程表和待办清单中，这样我们就可以时时看见，而且每周都能思考应该采取什么跟进行动。

另一个对我很有效的方法是将目标拆解成简单可行的步骤。这样就可以每周做一点，也更容易加进日程规划中。

如果你想更高效，可以找一个能让你坚持目标的人，跟他约定每周互发进展总结。在第十二章中，我会告诉你为什么要这么做。

每到季度末，就可以为下一季度设定新目标。过程类似于全年计划的头脑风暴环节，不过会更快更轻松，因为大部分工作都已在年度头脑风暴中完成了。

以下是我为新季度做计划的步骤，基本上就是之前年度计划步骤的浓缩版。

1. 快速回顾

- 步骤 1: 写下过去三个月的亮点和不足。
- 步骤 2: 查看季度目标，划掉已实现的。
- 步骤 3: 在你所选的每个类别下，用一到两句话描述过去这一季度的情况。
- 步骤 4: 用几句话总结该季度。

2. 设定新目标

- 步骤 1: 参考年度头脑风暴时所做的笔记以及之前所写的未来三个季度的大致目标，设定下一季度目标。
- 步骤 2: 检查一下这些目标是不是当前最重要的工作。
- 步骤 3: 浏览今年剩余季度的大致目标。如有变化，及时调整。

- 步骤 4（可选）：将目标告诉一个好友或同事。

你会发现做好季度回顾能让下一次的年度复盘更轻松，因为四次季度回顾已经完成了大部分年度复盘的工作。

我建议你大胆尝试一下年度复盘，尽快专门为它留出一点时间。你会惊艳于获得的新想法，会对工作和生活更有方向感。

CHAPTER. 6

随手写写

记笔记是聪明的做法。第一，它能让你更好地吸收听到的内容，因为你不可能仅听一遍就完全记住。第二，听的过程中产生灵感却不马上记录的话，灵感很快便会消散。

我喜欢在大版面而非小小的电子版待办清单上做笔记。的确，随手在纸张上记录非常容易，但是如果你要回看这些笔记呢？纸质版的可就太麻烦了。

我使用笔记 App 的原因如下：

- 和纸质笔记不同，笔记 App 容易检索。
- 我在手机、平板和笔记本电脑上都安装了笔记 App，可以随时随地查阅。
- 笔记 App 空间无限、不会丢失，还提供各种纸质笔记无法提供的功能。好的 App 能便捷地插入图像、链接、表格，甚至可以插入手写备忘录。

- 一些笔记 App，如印象笔记，可以关联其他 App，为你提供一站式服务。比如将 Instapaper（一款能让你暂存网文稍后阅读的 App）与印象笔记关联，那么所有你在网页上高亮标注出的内容都会自动粘贴至印象笔记。

- 大多数笔记 App 都有分享功能，即便对方和你使用的不是同款 App，依然能够实现笔记分享。还有的 App 提供了便利的多人协作功能。

笔记 App 有两种基本用途：保存信息，整理信息。我们更希望发挥第二种用途，但这需要更强的自律。所以，我从第一种说起。能让笔记 App 发挥第一种用途，便已经是一大成功了，而且这个用途更基础，操作起来也更简单。

保存信息

笔记承载了各类信息，将它保存在安全的地方，能让你更好地工作。一旦知道笔记不会丢失，并开始时不时回看，你便会喜欢上在会议、头脑风暴、会面等场合记笔记的感觉。

保管笔记的方法与处理邮件类似。有的 App 上自带名为"收件箱"的文档。如果你的 App 上没有，可以自行创建，然后在这个文档中创建新笔记。为了之后能唤起记忆，笔记标题要清晰。

如果你喜欢手写，也可以试试有手写笔记功能的 App，如印象笔记就允许用户使用苹果铅笔手写。

若不再需要这份笔记，可将其从"收件箱"拖入"归档"中，或者直接删掉，毕竟不会再回看的内容，留着也无用。

想要确保自己会回看笔记？没问题。直接在周计划中安排好时间，标上"回顾收件箱中的笔记"。比如我就会在每周复盘时回看笔记，并决定是要跟进还是删除。养成这个习惯，让我感到安心和平静。

我也用笔记 App 来记录要做的小事。虽然可以记在待办清单中，但是笔记空间大，可以让我自由地写下脑中所想，我喜欢这种感觉。

下面是我在布兰道公司时记在收件箱中的一些笔记：

- 准备数据保护官会议——这份笔记内容持续更新，记录了与新隐私法规相关的会议讨论要点。
- 布兰道语音功能——这份笔记中记录了一些关于如何实现布兰道语音转文字功能的想法。
- 个人第三季度目标——我正在制订季度目标，会随手将想到的记入这份笔记中。
- 团队思考——记录了我对于团队表现以及改进方法的思考。
- 外包——记录了我想外包或交给他人办理的事务，这样我就能腾出时间做更重要的事。

可以看出，我的笔记内容五花八门。在每周复盘时，我会浏览收件箱，并定出具体的下一步计划：

- 关于个人第三季度目标的下一步计划：在日程表中安排出 1 小时，制订出个人目标。
- 关于布兰道语音功能的下一步计划：在待办清单中新增一个事项——回看记录的想法，并与团队分享。
- 关于团队思考的下一步计划：和一名团队成员会面，细致讨论并找出安排一周工作的更优方法。

我并不会在每周复盘时将所有的笔记都归档，如果有的笔记内容需要仔细思考而不是急于安排下一步，我就会先跳过。但是逐一回看笔记很重要，因为这能让我知道自己没有忽略任何紧急事项。

要实现笔记 App 最基础的用途，只要有收件箱和归档就可以了。但如果想要让笔记发挥最大作用，请看接下来的内容。

整理信息

记笔记不仅能让你在短期内受益，帮助你在当下做出更好的选择，还能给你带来长期的好处。想实现这一点，就要将笔记分门别类，如分为待阅书目、待观新剧、打卡地点（如咖啡店、餐厅、博物馆）。巧妙地进行整理，很快就能建立起有价值的合集，需要时便能马上查看。

简而言之，如果你想以更有条理的方式将想法记于笔记中并能随时找到，就将电子版的笔记内容进行分类吧。

多数 App 不会限制你整理笔记的方式，这就意味着你有无穷的选择，但同时也意味着你的笔记可能会杂乱无章，导致你想撒手不干。记住，系统越复杂，就越难坚持使用。如果你觉得整理笔记过于麻烦，不如就只把笔记 App 当作保管箱。

但是，如果你觉得自己能做好笔记整理，可以看看以下几条建议：

- 只分两类：工作与个人。笔记本越少，你就越轻松。所以在创建各种细分板块之前，先按照大类划分，待之后有需要再进一步扩展。
- 单独创建一个"想法"分类——这是记录想法的笔记本。如果你的待办清单 App 中有"某日项目"这个功能，那么它和笔记 App 的内容势必有重叠。在构思阶段，我更喜欢记录在笔记本上，因为笔记本的空间很大，能带给我自由感。
- 创建一个"会议"分类——可以用来做会议纪要及记录讨论要点。不过我现在不这么做了，因为我发现自己从不回看。我只用它来安排会议后的下一步行动，安排后就删除。如果你觉得这个合集方便，可以保留。

除了这些基本分类，我在印象笔记中还创建了其他很有用的分类：

- 反馈——记录在工作等场合收到的反馈，让我清楚知道自己的成长。
- 决定——记录重大决定，以便之后回顾，看看是否正确。
- 核对清单——各种场合下的用品清单，主要是旅行用品清单。
- 失败——记录错误和失败。听起来很可怕，但这是一种从错中学习、客观反思的方法。当下觉得跌入深渊，半年后再看，往往早已云淡风轻。

最后是两个使用笔记 App 的温馨提示：

第一，保持简单。刚开始使用时，笔记本越少越好，掌握节奏后再酌情增加。

第二，常常更新。每周整理一次笔记，每隔数月就重新审视一下自己整理笔记的方式，这样可以看出什么分类有用，什么分类完全没用，从而让你能够纵观全局，并保持新鲜感。每当我对笔记合集做出调整，都觉得像在使用一个全新的 App。

CHAPTER. 7

假期后马上恢复元气

想象一下，休假结束，你精力充沛，准备开工。结果刚坐下就发现，今天第一场视频会议半小时前已经开始。瞥了一眼邮箱，看到 352 封未读邮件。桌上堆满文件，日程表上是一件接一件的安排，并且你还错过了和一个重要客户的见面。午餐时间，你只能急匆匆地在办公室吃个三明治，心里想着要是没去休假就好了。

是不是很沮丧？这种沮丧太常见了。休假回来的第一周可能是全年压力最大的一周。

我有一套简单巧妙的方法可以解决这个问题。准备好了吗？来吧。

确定休假日期后

一旦确定了休假日期，就马上去做下面几件事。

- 在日程表上标注休假时间。我不喜欢重复工作，但非常乐意在我使用的所有日程表上都标注出休假时间，以免弄错。

- 如果你是员工，要根据公司流程申请休假，确认是否要获得老板许可，是否要有人接替你的工作，是否需要在公司内登记等。

- 将你的休假时间告知同事。大家越早知道，就越能合理安排好工作。我会写邮件通知，这样大家不容易记错日期。很多企业、组织都有共享日程表，你也可以在那上面标出自己的休假时间。

- 一条魔法建议：不要让休假回来头两天的日程太满，最好是清空。这样你返回办公室后就会有很多时间从容地安排工作，尽快恢复状态。

休假前的最后一周

你会发现休假前的最后一周自己特别忙碌，但效率奇高，所以要充分利用这段时间里充沛的能量。下面是你应该在这一周内做好的事情。

- 告知重点客户你要休假。无论你将工作安排得多好，客户遇到问题还是会想来找你。虽然提前设想好所有突发情况是不可能的，但提前告知客户你的休假安排，至少可以让他们尽量在你休假前将需求提出。可别等到你已经在路上或在海滩边放松时才想起来通知，这会让他们不悦。

- 留出时间处理工作中的突发状况。别让休假前一天的日程太满，最好是清空。这样才有缓冲时间处理可能出现在最后一刻的问题，不至于到了登机口还要回复邮件。

- 列出休假前一周必须处理的全部事项。如果你想无忧无虑地休假，就先把待办清单、邮箱，以及进行中的项目浏览一遍，看看是否有什么刻不容缓的事。请严格一些，务必只保留必须处理的事项。接下来，在本周日程表中留出时间来处理这些事项。记得和上司确认出发前还需要完成哪些工作。

- 明确休假期间需要他人接替的工作，尤其在休假时间比较长的情况下更有必要。这些工作可能是要交办给他人的项目、需要主持的会议、给客户发送项目进展等。找出能接替你工作的人，并安排时间交接。

可能你平日里就任务繁重，正因如此，才要明确哪些事项要在休假前处理，哪些可以拖后。比如，休假前最后一周哪些会议可不参加，哪些事可交给他人或推迟办理。不要硬着头皮大包大揽，和他人保持坦诚地沟通，才能毫无牵挂地休假。

休假前的最后一天

要利用休假前的最后一天进行扫尾工作。假设你已如前文所说，清空了这一天的工作安排，那请做好下面几件事。

- 浏览必须处理事项清单，检查是否都已完成。没完成也别慌，先看看今天还能做完哪些工作，记住要切合实际。接下来做沟通，和团队明确工作进度及未完事项。事情没做完当然让人沮丧，但如果因此而不沟通，就会影响整个团队。

- 再次检查待办清单和邮件。过去一周肯定有新任务、新邮件，快速浏览一遍，看看有什么事项刻不容缓。如果时间不够，我的建议你应该也能猜到了，还是沟通！和对方承诺休假结束后会立即处理，但也要给自己缓冲时间，如"我将于8月26日回公司，将在当周晚些时候给您回复"。

- 和上司及团队成员最后确认一下待处理事项。此时你可能会收到很多任务，别担心，这就是为什么我们要提前清空这一天的日程安排。现在，确定哪些工作你马上就能搞定，哪些可以交给他人，并和同事沟通。

- 再次检查日程表，确认是否清空了休假期间的所有会面。

- 给邮件设置自动回复。最好在自动回复中注明你何时结束休假，并给出接替你的同事的联系方式。邮件内容要清晰明确，比如"休假期间，我可能不会查看邮件"就很模糊，让人不知道你到底会不会查看邮件，而"8月29日前我不会查看邮件"就很清晰明了。我还建议休假回来第一天仍保留这个自动回复，这段缓冲时间很重要，一定会帮到你。

- 最后一次确认：你真的把所有可以放手的工作都放手了吗？

好了，工作已经安排妥当！尽情享受假期吧。

休假回来的第一周

如果你已经如前文所说，清空了休假后头两天的安排，那么今明两天你都有充足的时间调整状态，以便更好地投入之后的工作。以下是你复工后要做的事情。

- 再次检查工作安排，确保没有会议要参加，今明两天也没人要和你会面。若有，请重新安排。
- 这两天请认真倾听，了解你休假期间的工作进度。肯定有一些工作处理的方式是你不认同的，但采取行动前，请先和大家谈谈，或读完相关资料，确保自己掌握了全部情况。

- 处理邮件。通常来说，我不建议把处理邮件当作头等大事。但现在你休假了一段时间，处理邮件是重新开始工作的最好方法。通过邮件你可以知道休假期间哪些工作已经完成、无须处理，从而避免重复劳动。你还可以根据邮件，有针对性地向同事询问工作的最新进度。最好从最近的邮件开始往回处理，方式与第三章所讲的一样：认真阅读收件箱中的全部邮件，将需要你采取行动的工作写入待办清单或日程表中，如果任务可以在两分钟内完成，就马上处理。

- 结束第一天的工作后，可以做一个简单复盘。这有助于你重新规划全局，列出本周优先事项。

遵循以上四步骤，可以让你思路清晰、轻松自在地回到工作状态。

最后再给你几条小建议：

- 休假结束后留一点时间休整，这样开工时就不会有明显的假期综合征。我发现如果在周五而不是周日结束度假回家，我就能更轻松地重新开始工作。有的人会从周三休假到下周三，也是这个原因：这样周四周五可以用来恢复工作状态，下周一就能火力全开。

- 设置邮件自动回复时，除了说明你在假期不会看邮件，还可以请对方在你休假结束后再发一封。这样就可以让对方判断到时是否还需要你处理某项事务，为你减轻压力。

- 格式化的休假邮件自动回复很枯燥，你可以附上有意思的博文、书目，或招聘信息，让你的回复更有个人特点。

如果你迫不及待要开始工作，可以在返程路上查看邮件。这么做会让我有回归感，也能打发漫长的旅途时光。很多邮箱软件支持离线使用，只要在出发前打开邮箱加载新邮件，就可以在路上阅读了。

第一部分 笔记

日程表的使用

- 在日程表中列出所有会议和会面。

- 明确每次会面的开始和结束时间。

- 向相关人员发送邀请。

- 考虑出行、准备及文书工作时间。

- 重中之重：要事先行。

明确优先事项

- 列出自己的职责框架（参考岗位描述和公司目标）。

- 基于前面列出的职责，写一份主要工作任务清单，尽量将紧急但不重要的任务交给他人办。

- 将前面写的清单压缩至两到三件优先事项。

- 思考每件优先事项你能做的第一步。

查看本周规划

- 是否留出足够的会议准备时间？

- 是否已邀请所有与会人员？

- 是否已准备好场地或线上会议链接？

- 日程表是否能反映你的优先事项？

- 是否留出时间处理邮件？

- 是否充分利用了工作时间？是否将创造性工作及日常工作安排在最适合的时间？按照你的工作安排，是否能减少创造性工作和日常工作间的切换频率？

- 是否将重要工作排在了一周开始？

- 是否留出了缓冲时间？

处理突发状况

- 这项工作真的必须现在就做吗？

- 给任务留出充足的时间。

- 将任务写进日程表中。

- 查看日程表中的冲突安排，并告知相关人员你将重新安排。

- 将跟进任务写进待办清单中。

待办清单的使用

- 挑一款好用的待办清单软件。

- 将全部任务都写入你的电子版待办清单中。

- 化任务为切实可行的行动。

- 化行动为项目。

- 添加标签，快速过滤和筛选。

- 划分工作板块。

安排邮件处理时间

- 安排每天 3 次 30 分钟邮件处理时间。

- 关闭邮件通知。

- 取消不需要的推送订阅。

- 学习使用邮箱软件的快捷键。

- 写邮件要简短。

- 积极主动沟通，减少来回发送邮件。

逐一分类邮件

- 如果无须你采取行动，就直接归档。

- 如果要拒绝邮件里的请求，就告知发件人。

- 如果两分钟内可以完成邮件里的事项，就马上处理。

- 如果处理邮件里的事项需要花点时间，并有截止时间，就加入日程表中。

- 如果处理邮件里的事项需要花点时间，但没有截止时间，就加入待办清单中。

每周复盘

- 回顾日程表及会议笔记。

- 浏览各类收件箱。

- 检查进行中的项目。

- 复盘已经取得的进展。

- 展望新的一周，使用日程表做出周计划，反映出目标和优先事项。

全年计划制订日

回顾

- 逐周浏览日程表，列一张亮点和不足清单。

- 看去年的照片及社交媒体帖子，补充亮点和不足清单。

- 翻看日记，继续补充亮点和不足清单。

- 去年是否设置了目标？是否都实现了？

- 对过去一年进行分类回顾。

- 写下关于每个季度的想法。

- 用几句话总结全年。

展望

- 参考之前的分类回顾，对新一年的各方面进行计划和展望。

- 对每个分类下希望实现的梦想和想法进行头脑风暴。
- 为每个分类制订未来三个月要实现的可量化目标。
- 确保接下来一季度可以致力于对自己最重要的事项。
- 是否有重大事项与计划冲突（一场远行、一个大项目，或者孩子出生）？
- 问问自己：已经制订的计划是否足够有挑战性？
- 考虑剩下三季度的大致目标。

GRIP:

The
Art
of
Working
Smart

今天开始
这样想问题

在第一部分，我们学会了很多老工具的新用法：让日程表成了每天工作的基石，拥有了待办清单这个备用大脑，掌控了电子邮箱，还通过每周复盘获得了一张安全网。除此之外，你还安排了全年计划制订日，设定了真正能实现的目标。这些都将帮助你成为更好的自己。

干得漂亮！那么，接下来呢？

在本书第二部分，我们要在工具层面的基础上更进一步，讨论想成为更优秀的自己，需要采取哪些策略：如何发现适合自己的目标，如何让自己更善于倾听，如何学习策略性思考，如何获得更好的建议。最终，你将是一个能"勇敢立大志、弯腰做小事"的人。

总之，准备好游戏升级吧。

CHAPTER. 8
能激发行动的才是好目标

我到底想要什么？这个问题很重要，但很多人不敢问出口。别怕！回避只会让你错失良机。

本书第一部分侧重讨论了一些具体的技术，方法包括使用日程表、待办清单，让自己完成更多优先事项。本章开始将不再讨论具体做法，而是讨论更深层次的、你每天都应该花时间好好思考的内容。首先就是，什么才是真正适合你的目标。

要回答这个问题，先要找到能激发你动力的事情。寻找动力可能是一件非常复杂的事情，但我的方法很简单：在行动中找。不断尝试，喜欢的就继续，不喜欢的就放弃。没有什么不能改变。

我相信设置目标能推动我的工作。这并非我一家之言，无数研究证明，目标会带来变化。但设置目标前要先解决一个根本性问题——你的动力来源是什么？在求索中，我发现，构成动力的三片拼块是：激情、技能和使命。

从三个维度确定你的动力

1. 激情

2005 年，苹果创始人史蒂夫·乔布斯在斯坦福大学发表了激动人心的演讲，鼓励人们追求心之所向。他告诉学子们："你得找出自己的热爱……想要取得伟大成就，唯一方法就是热爱你所做的事。如果现在你还没有找到这份热爱，就继续找。不要安于现状，用心体会，当你找到它时，你会立刻知晓。"

正如乔布斯所言，在思考自己的激情所在时，不要设限，要天马行空。问自己：

- 你做什么时会忘记时间？
- 阅读、聆听或观看什么内容时，你永远不觉得无聊？什么让你永远不觉得腻？什么令你着迷？
- 你比大多数人更了解什么？
- 如果不受时间、金钱（或其他因素）限制，你最想花几个月的时间做什么？

当然，激情并非唯一动力来源，还有两片拼块：技能和使命。

2. 技能

卡尔·纽波特提出了"工匠思维"这个概念。激情让人关注"这个世界能带给我什么",而工匠思维则让人关注是"我能为世界带来什么"。纽波特认为,一个人如果从工匠思维开始探索世界,那将收获颇丰。从你擅长的做起,坚持下去,直到找到激情所在。纽波特还说,从激情开始有点危险,因为你想要的和世界想要的往往不同,想让激情有所得并非易事。我就喜欢招拥有工匠精神的员工,他们擅长自己的工作,并对工作充满激情。

那么,你的技能是什么?试着想想下面两个问题,可以给你一些启发:

- 你擅长什么?有没有什么事对你来说自然而然,但却能造福身边的人?
- 问自己"我能为世界带来什么"时,你会想到什么?

3. 使命

还有另一个动力也在驱动着你前进。即便是乔布斯,也不仅仅因为热爱而每天工作,他还要完成使命。成立苹果公司时,他说:"我们要创造一种工具,能实现人类的进步,对世界做出贡献。"这就是他心中的使命。

美国著名管理学大师史蒂芬·柯维在畅销书《高效能人士的7个习惯》中化用了这个理念,提出"以终为始"这条习惯。他说,想象一下,如果你去世了,家人、朋友会在悼念仪式上说什么?你希望自己离去后,周围的人们如何怀念你?

出生于肯尼亚的法多莫·达丽布就是一位心怀使命的女性。她的父母是索马里难民，在生下她之前，家中已经有十一个孩子死于原本可治愈的疾病。一家人曾被遣返索马里，但不久后就被迫离开。达丽布和弟弟妹妹逃到芬兰，得到了庇护。她14岁才开始识字，毕业于芬兰的护理学校，之后获得了两个硕士学位，现在正在攻读博士学位。2014年，她宣布回到祖国，参加索马里自1984年以来的第一次总统竞选。在她的网站上写着："我的目标是通过完善的政治领导，帮助索马里在冲突后重新站起来。"她还说："我不仅要为我的四个孩子做出奉献，更要为索马里的发展做出奉献。这是服务于人类的事业，是我的天命所在。"她的使命无比清晰宏大。

每个人寻找使命的旅程各不相同。我希望达丽布的故事能激励你树立恢宏的使命，并为之一路过关斩将。

当然，使命可大可小，并不一定是总统选举或其他类似的英雄壮举。埃隆·马斯克曾说，他测量影响力的方式是将一件善事的大小和其影响到的人数相乘。因此，辐射很多人的小小善举和辐射一小部分人的伟大善举，影响力相当。

以下几点可以帮助你找到属于自己的使命：

- 回答史蒂芬·柯维的那个问题：你希望别人如何怀念你？
- 如何做一件造福于最多人的小善举？可以用到你的哪种激情和技能？

- 你通常为什么而发怒？这种强烈的情感可能会暗示出你的使命所在。

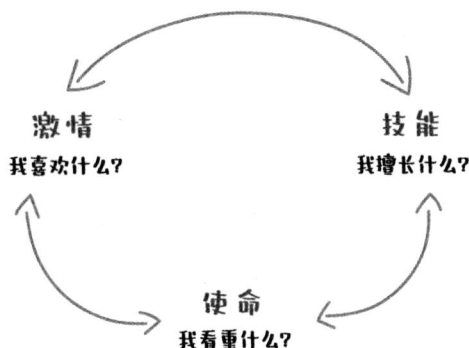

一旦开始行动，激情、技能和使命就会赋予你意义。我的待办清单中有一份特别的清单，上面记录着我的使命、技能和激情分别是什么。这份笔记将会持续更新，目前是这样的：

使命：我看重什么？

- 我想通过我的工作让世界变好一点。
- 我想从个人做起，帮助缩小贫富差距。
- 我要和家人建立更亲密有爱的关系。

激情：我喜欢什么？

- 我喜欢制造别人可以用的东西。
- 我喜欢解决问题。
- 我喜欢寻找化繁为简、转慢为快的方法。

- 我喜欢做有用的事。

- 我喜欢从零开始。

技能：我擅长什么？

- 我擅长动员别人做事情。

- 我擅长化繁为简。

- 我非常自律。

- 我善于倾听。

- 我擅长策略性思考。

- 我擅长区分轻重缓急。

每周五复盘时我都会读一遍这份笔记，这能不断提醒我去哪里寻找动力，也能让我检查自己的行动是否与之匹配。每当我对自己有了新的认识，就会更新这份笔记。

这个方法对我特别有用，建议你也试试。

好动力能直接激发行动

我的好朋友赫尔曼夫妇卖掉了房子，开着房车去环游欧洲。已经旅行了一年的他们感到前所未有的快乐。他们的三片拼块组合得恰如其分：他们想要自由生活（激情）；因为两人都擅长音乐，还有一双巧手，所以能边旅行边赚钱，还会自己修缮房车

（技能）；对他们来说，重要的是向旅途中遇见的人敞开心扉，让每个人都感到快乐（使命）。这种流浪般的生活对现阶段的他们来说非常理想，但这份快乐并不是偶然获得，而是他们花了好几个月来讨论、规划的结果。

找到真正想做的事的不二法门是：先做做看。你可以不断思考是否要卖了房子去换房车，想到天荒地老、筋疲力尽，但唯一有效的方法就是去做。找到你的个人使命、激情和技能，可根据每片拼块做出决定，而后化决定为切实具体的行动，并开始尝试。

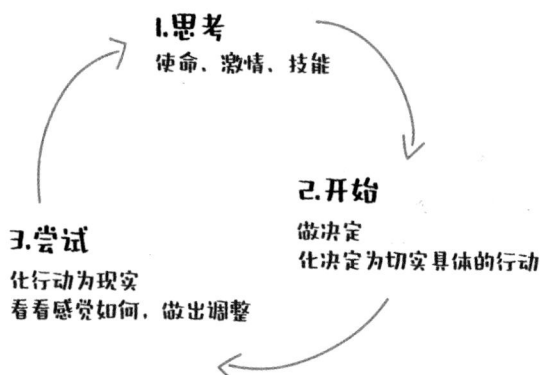

1.思考
使命、激情、技能

2.开始
做决定
化决定为切实具体的行动

3.尝试
化行动为现实
看看感觉如何，做出调整

你的决定越符合这三片拼块，就越适合你。做决定不需要惊天动地，不需要像我朋友那样彻底颠覆生活，可以从小事做起，比如去食品救济站做义工，去少年棒球队做教练，参加公众演讲课程，等等。这些经历会帮你找到自己真正的心之所向。

那么，如何在此基础上切实地做决定呢？举个例子：

- 使命：对我来说，支持男女平权很重要。
- 决定 1：加入推动这项事业的组织。
- 决定 2：行动起来，改变我们公司企业文化，确保男女平权。
- 决定 3：发起读书俱乐部，和朋友们讨论此话题。

可以看出，以上决定都源自你的使命，但形式各不相同。任选一项并坚持一段时间，你就会知道这项使命是否真的可以激励你。可以用同样的方法将激情和技能化为决定。如果你喜欢做木工，就报名相关课程，看看是否只是一时兴起。比如，我父亲在 65 岁时报名了鼓乐课，想看看自己是否有此天赋（结果他真的有）。

以下这些也是能帮你做出决定的方式，每一条都对我颇有帮助：

- 让选择可逆。这样一开始选错也无妨，你可以很容易改变或撤销你的决定及为此所做的努力。
- 利用好每周复盘，时常反思自己的选择。比如，我经常意识到最初让我心生不安的决定往往最终能给我带来最大收获。所以，多回顾、多总结。
- 明确地告诉自己：不去追求使命、激情或技能，就等于做出了相反的选择。拒绝新工作就等于选择了安于现状，这样真的让你快乐吗？

如果不能化决定为具体行动，那你很可能什么也不会做。比如决定改变公司的企业文化，确保男女平权，这是一个远大的抱负，但很难行动。你可以将这个抱负具体化，比如成立工作小组，编写性别平等手册，这样抱负就化为了行动。将决定化为行动是实现目标的完美跳板。

在行动中设定目标

很多人不善于为工作和生活设定切实的目标。在深入讨论如何设定目标前，先停下来问问自己：设定目标的好处是什么？

1. 目标是一个里程碑

我非常喜欢设定个人目标。设定目标能让我更专注，知道不要在什么事情上浪费时间。如果目标明确，我往往能做成更多事。

自 1974 年起，马里兰大学心理学教授埃德温·洛克和多伦多大学管理学教授加里·莱瑟姆就一直在研究设定目标的重要性。他们研读了数百份报告，共同研究，提出了目标设定理论。该理论认为，只要设定目标的方法正确，目标就可以有效提高生产力。方法的关键有三条：清晰且有足够挑战性的目标，明确的时间线，定期反馈。

我知道有些人听到"目标"这个词就头疼，觉得这个词宏大、沉重。可能是因为老板或其他人常为你设定不可能完成的目标，或者你曾满心欢喜地设定了个人目标，却发现它遥不可及。我认为，目标不是终点，而是一个里程碑。你可以停下来歇一歇、喘口气，欣赏一下自己的成果。这能让达成目标的感觉变得非常美妙。我屡试不爽的方法就是：可以按照自己的意愿设置可行的小目标。

你肯定经历过目标近在眼前时那种能量爆棚的感觉。比如比赛时，你跑过最后一个弯道，看到终点线就在眼前，你志在必得，只需加把劲最后冲刺，就能到达终点线。生活中有了目标，你也能找到这股冲劲、获得额外能量。

2. 如何设定目标

目标是否能达成，主要取决于你是否认真设定。精心设计的目标能让你到达终点，而非半途而废。你可能听说过 SMART 目标设定法，即目标应具体（Specific）、可度量（Measurable）、可实现（Achievable）、现实（Realistic）、及时（Timely）。这种方法没什么问题，但我更倾向于简易的方法，我的目标设置法只考虑两点。

第一，我是否为此感到兴奋。如果你根据激情、技能及使命设置了目标，那你一定会非常兴奋。评判一个目标的好与坏，我的标准是：想到要向目标进发时，是否能燃起激情；实现目标后，是否想欢呼庆祝。与这两条标准相比，可实现、可量化这样的一般评判标准便相形见绌了。

你对一个目标的激情多少，与目标带来的挑战有关。达到目标，需要几分努力？设定不可能实现的目标毫无意义，但目标若触手可及，也没有意义。想要保持动力，关键在于目标应该介于这两种极端之间。

但是老板或上司给你设定的目标呢？你可以先试着理解他们的热情所在。为什么这个目标对你的老板很重要（有时你会发现你和你老板的价值观不同，如果总是这样，就要想想这份工作是否真的适合你）？知道老板对此充满热情的原因，往往会让结果变得不同。一旦知道了为什么这个目标如此重要，你就能获得更多实现目标的动力。

第二，我是否能察觉目标已达成。提前明确目标成果可谓至关重要，这一点已被无数研究证实，我也深有体会。任何人都难以实现不明确的目标。我在布兰道公司的职责之一是思考企业战略。这个职责的重要性毋庸置疑，所以我对此充满热情。我可以把这个目标描述为"思考布兰道公司的未来"，但这样一来，我就很难确定自己是否已经达成目标。如果我把目标具体为"6月1日前完成下半年计划"，那终点线便清晰明了。因此，设定目标时的关键是能否清晰地回答这个问题：怎样才算目标达成？测试目标结果是否清晰的好办法是问自己：当我达成目标时，别人是否能够看得出来？如果答案是肯定的，那这个目标就足够具体了。

实际操作中，需要提前三个月以上制订计划的目标不易实现，因为终点线实在太远了。我会尽量将终点线设置在三个月以内。如果目标较大，则会适当拆解。

3. 延伸你的目标

美国前总统肯尼迪想实现人类登月计划，法多莫·达丽布的目标是成为索马里首位女总统，乔迪·威廉斯希望在全世界范围内禁止使用地雷，比尔·盖茨渴望消灭疟疾……比起这些宏伟、艰难、大胆的目标，我更喜欢设定一个延伸目标。如果你现在的目标没有挑战性，建议你可以让自己"延伸"一下。

延伸目标的意思就是，要想够得着你必须好好逼自己一把，但又不至于永远够不着。设置延伸目标是一门技术。如果你想要激励、挑战自己去实现更大的目标，那就要让目标介于"不可能"与"有难度但也做得到"之间。不过，即使你的延伸目标大到看似不可能，但只要能想象出目标达成的样子，那就也有实现的可能。1961 年 5 月 25 日，肯尼迪宣布 10 年内实现人类登月计划。这显然是一个看似无法实现的目标，但全人类又都能够想象出火箭登月的场景。这是延伸目标的第二要素。

你可以参考以下几点来设置延伸目标：

- 我可以很清晰地想象出这个目标达成时的样子。

- 想到这个目标会让我有一丝不安。

- 我一时想不出要如何实现这个目标。

- 周围人都公开质疑我能否完成。

- 想到要实现这个目标我就异常兴奋。

普通目标和延伸目标都能助你前行。经验告诉我，兼而有之，效果最佳。我自己会设置一两个宏伟目标，再加上一些花点时间精力便可以达成的小目标。

请注意，一次不要设定过多目标，最多 7 个，这样才能更有把握地实现。记住：少即是多。我一直都会有 4 个以上的目标，如果其中一个进展不顺，我就会转而专注于另一个。

4. 把目标记录下来

如何记录目标？就像日程表、待办清单、邮件一样，可选工具很多。我最喜欢用空白的谷歌文档来记录。

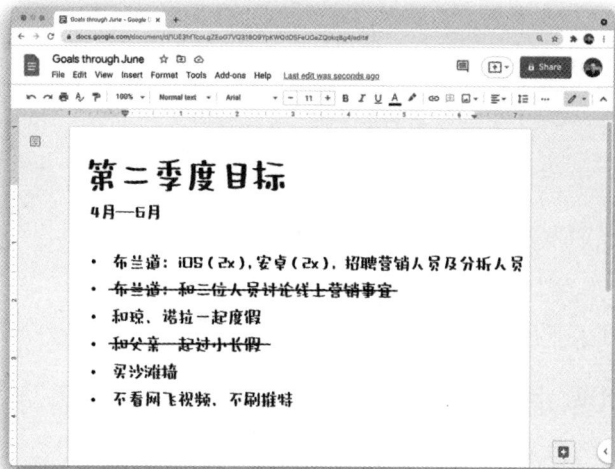

可以看出我在6月份前给自己设定了6个目标，现已完成了2个。这些目标的截止时间都相同。我喜欢用文档，因为这样可以随意记录，并且很容易和他人共享。

当然，很多公司都有自己的办公系统，员工要在系统中记录上司设定的目标。我习惯于把这些目标也复制一份在文档中，这样就能将全部目标都存于一处。的确，这样会有一些目标同时存放于两个系统中，但没关系，重点在于：你可以在一个系统中，一眼就看见自己所有的目标。

、

把目标变成现实

现在你已经知道了目标的重要性，并为自己设定了合理的目标。很棒！现在就来实现目标吧。

1. 勇敢迈出第一步

现在你可能正看着自己的目标，不知从何开始。不怪你，尤其如果你设定的是延伸目标。回想一下我的朋友赫尔曼夫妇，他们开着房车旅行，实现了自己的梦想。你要从哪里开始呢？

其实非常简单，你只需问自己一个问题：要实现这个目标，具体的第一步是什么？可以是"查看在售二手房车列表"或"向有经验的朋友请教"。还记得在第一章中如何化优先事项为具体任务吗？这种方法也适用于实现目标。只要定出下一步，然后不断重复这个过程，直到越过终点线。

想到下一步做什么了？太棒了！首先，拿出日程表，排出所需时间。这样才能确保这个重要（但或许不紧急）的任务会是你一周的重点。

然后，就要全神贯注了。关闭邮箱，关掉电视机，最好把手机放在看不见的地方，家务活也晚点再做。现在，开始！

遇到困难？以下是一些建议：

- 第一步可以迈得更小点，这样几分钟就能完成。比如，你的目标是掌握 Excel 表格。可以定好闹钟，先看 5 分钟 Excel 教程；或者你的目标是健身，可以先从 10 分钟的拉伸训练开始。
- 完成第一步后，奖励自己。休息一会儿，喝杯咖啡，或吃点小零食。
- 提醒自己为什么这个目标对你如此重要。你希望实现什么？闭上眼睛，想想自己达成目标的场景。

许多人都有宏伟计划，但不是人人都能取得成果。技巧是练习将大目标拆解成可行的小任务。这个简单的方法将带你走得更远，你将惊叹于自己所能达成的成就。

2. 设定截止时间

好目标也需要有截止时间。截止时间可不是经理把压力发泄到员工身上而凭空捏造的东西。截止时间被证实对我们的工作有帮助。没有它，我们的注意力会转移到不那么重要的事项上，永远无法完成目标。

设定一个很遥远的截止时间听起来很完美，实则不然。帕金森定律认为：工作总能填满可用时间。给一个复杂技术项目设定四周后截止，我敢保证你还是会工作到最后一刻。将时间范围缩小也是一样。一场 2 小时的会议总能开满 120 分钟。但是，一个现实的截止时间可以让你做好事情，并继续前进。

3. 切勿一次性设置过多目标

另一个常见陷阱是设置过多目标。将注意力分散于过多目标，达成的可能性就会降低。像我之前写的，我的理想目标量是 4 到 7 个。超过则难以对所有目标都保持热情。如果你不确定是否要设定某个目标，建议先跳过（或和老板商量）。如果剩下的时间足够，可以再追加目标。

4. 留出评估时间

你可以随时设定并添加新的目标。一季度一次对我来说最合适，但并没有严格规定。关键在于每周五复盘时都要回顾目标。这是跟踪目标进度并写出下一步行动的最好方式。

我学到的另一个有助于目标达成的方法是积极让他人参与其

中（与他人配合）。举个例子：在老东家那里，我们在每季度末前都要完成员工招聘。我对这个目标备感兴奋，因为新人加入能让我们做得更好，且团队气氛更活跃。目标也很容易度量，看看有没有及时招到新人就好。目前来看，这个目标设置得很合理。但最初几周，我们总是推进得很慢。没错，我已经写下了要采取的步骤，但是我没有和团队配合。选择、联系、面试候选人应该是团队工作，但我们都掉链子了。某种程度上看，这也可以理解，毕竟这是一个典型的重要但不紧急的任务，如果我们手头有别的工作，这个任务就很容易被推迟。最后，人力资源经理改变策略，每周都跟进一次。我们团队每周开一次碰头会，简单告知彼此当前进度及下一步计划，这大大提升了效率，因为我们互相依靠，以期完成共同目标。这也说明无论你的目标多清晰，或者你对此多么充满热情，还是需要有人探过头来，问你："嘿，进度如何？做完了什么？下一步要做什么？"

加州多明尼克大学一项研究强调了组队的有效性。在观察了实现目标的不同做法后，研究人员发现，将自己的目标告诉朋友的实验对象更能达成目标，他们的表现比另一组未将目标告诉朋友的好50%，而每周都和朋友更新完成进度的一组的表现更是比对照组好77%。这说明告诉别人自己的进度是坚持到底的绝佳动力。

5. 大胆修改目标

忙里忙外好几周，回头一看，目标根本不可行。没什么事比这更令人沮丧了。我也有过这样的经历。几年前，我给自己设置了一个大挑战。为了提升我的公众演讲能力，我每个月都会进行一次公开汇报。最初两个月可谓开门红，但后来情况直转急下。3月、4月、5月我都在忙其他工作，完全没有做公开汇报。我感到越来越沮丧。6月起我在每周复盘时无视这个目标，于是下半年我连一次汇报都没有做。真的好可惜。我完全可以修改目标，使之更可行，比如修改为"本年度做4次公开汇报"，或"发送10场会议演讲要点"，这样我可能还会多做几次公开汇报。但我却直接放弃了目标，全年只做了两次汇报。

你或许也经历过这种沮丧，和团队或上司商定好的目标无法完成。遇到这种情况，先别垂头丧气，联系相关人员，和他们讨论。通过共同讨论，你或许会找到达成目标的不同方式，或定出折中目标，也好过完全放弃。

如果你发现目标不够清晰，也应该进行修改。比如，你和同事们对同一目标有不同解读时，就要清晰说明，并确保意见统一。不清楚目标是什么、所需成果是什么，才是最浪费精力的。

本章中，你已经开始探索自己喜欢什么。首先是通过三片拼块，找到动力来源。你的动力来源于令你充满激情的事、你擅长做的事以及对你来说重要的事。当我们有目标时效率最高。所以，设定能让你感到兴奋的目标吧。

CHAPTER. 9
把自己作为方法

如果你已经制订好每天、每周的计划，也找到了适合自己的目标，整个人充满了动力，那么现在是时候更深入地关注自身了。如何成为更好的自己？如何修炼技能？如何做到这些还不会自我透支？

这就要从自我意象入手。

先思考一下，你是怎么看待自己这个人的。你觉得自己邋里邋遢，还是注重细节？你觉得自己能很快地适应变化吗？你觉得自己好相处吗？还是说你是个慢热的人，需要一点时间才能敞开心扉？

了解自己的特点之后，第二个问题是，这些可以改变吗？你或许认为，江山易改，本性难移，邋里邋遢或难以适应变化就是你性格中的一部分。有人说"我追求完美，所以做事总是慢条斯理"，或者"我做事杂乱无章，所以很不会做计划"。诚然，人人生而不同，但我的经历教会我一件事：每个人都比想象中更能控制自己的感受和行为。其实，只要你愿意，即使是最根本的性格特点，也能按照你的意愿来改变。这个过程复杂吗？完全不会，你只需要知道从何处入手。

第一步：弄清你的自我意象

在第三章讲邮件的使用时，我提到了成瘾机制。成瘾三要素是提醒、习惯、奖励，具备这三要素，人就会对一件事物上瘾。现在，你也可以借助几乎相同的机制来改变自己的行为。

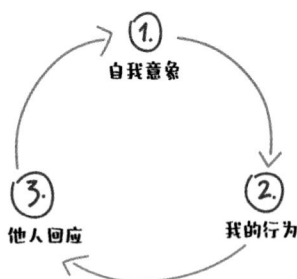

自我意象是我们对自己的看法，类似于成瘾机制中的提醒，会触发你做出相应的行为。比如，如果你成天说自己笨手笨脚，就会一直看到自己笨手笨脚的一面，从而强化了对自己的这一看法。

他人的回应也会强化某些行为。举个例子，我发现自己开会时总是缺乏创意，几乎贡献不出什么点子。后来我才意识到，问题并不在于我是否有创意，而在于我的行为本身。在会议中，我身边常常围绕着思维敏捷的人，他们总能很自在地提出自己的想法，而我只能认真倾听、理解他们的发言。所有人都只顾分享自己的观点，没人问我的意见，将我的沉默解读为没有任何意见要补充，于是我的发言就越来越少。这影响了我对自己的看法，进而又强化了我的行为，如此往复。

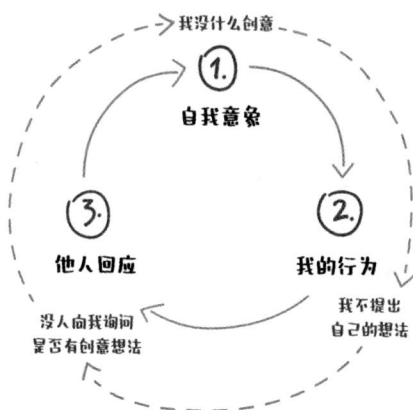

我没什么创意

1.
自我意象

2.
我的行为
我不提出
自己的想法

3.
他人回应
没人向我询问
是否有创意想法

潜移默化中，我就会不断地认为自己缺乏创意。渐渐地，这种想法就深深地印在我的脑海中。我不仅相信自己不擅长创意思考，甚至听到脑子里有个声音说"我就是没有创意"。于是，没有创意就成了我的一个特点。

陷入这种循环后，会让人难以自拔。即便你脑海中的声音并不能自圆其说，但它不断重复，就会哄得你去相信。回想一下第一章的内容，我说过大脑就喜欢相信你早已相信的事，毕竟这样最不费劲。渐渐地，你的行为会与你对自己的看法同步。

不过别担心，只要你明白大脑是如何将你引入歧途的，就能打破这种恶性循环，并利用相同机制，扭转乾坤。

第二步：忘记一直以来对自己的看法

假设我要开始改变自己的行为，决定从今天起，要提前准备好想法，以便随时发言。那么，我发言时其他人就都会认真倾听，我也将从中获得能量，感受到分享观点的快乐。没错，我的想法可能会遭到反对，但那证明大家认真听了我的发言。渐渐地，我就能改变自我意象，从"我就是没有创意"变为"给我点时间，我就可以想到很棒的创意"。我的行为也将不断证实我对自己的新看法。

听起来仿佛痴人说梦？不，不是的。事实上，这正是我个人的亲身体验。

再举个例子。我有个朋友在6年内改头换面，和之前简直判若两人。6年前，他爱抽烟，体态臃肿。后来，他决定改变心中对自己的看法，从"我不太运动"变为"我是个跑步运动员"。当然，根深蒂固的生活方式并不会自动改变，需要付出努力。于是，他改变了自己的行为，开始训练，从浅尝试水到严肃对待。现在，他的状态达到了巅峰，养成了健康的生活习惯，跑了好几次马拉松，甚至参加了铁人三项。改变行为带来的正能量不仅让他面目一新，还让他不断得到周围人的肯定。当别人和他谈起锻炼时，他不仅说"对，我经常跑步"，还会肯定地说"我是个跑步运动员"。这就是一个活生生的例子，证明我们可以通过改变自我意象，进而改变行为，获得一个本不属于自己的特点，并让它成为我们不可分割的一部分。

从这个故事中可以收获什么？那就是，如果你想改写人生，那就忘记一直以来对自己的看法，然后一小步一小步地开始改变自己的行为吧。你可以这样做：

○ 对自己的描述 ○	○ 你可以做点什么？ ○
○ 我总是乱放东西 ○	好习惯靠练习。想想可以先稍微整理一下哪块区域。不妨从小处着手，比如摆上一个钥匙架，每天回家第一件事就是把钥匙挂上去，养成习惯。这样，你就再也不是"总是乱放东西"的人了。
○ 我没有创意 ○	买一个本子，随身携带，把所有灵光一现的想法都记下来，不管有用没用。
	每天腾出5分钟进行头脑风暴，写下所有的想法，什么都行。
	开始写日记。日记只有你自己能看，所以请每天随心所欲地写下一段文字吧。
	开博客，时不时去写点东西。如果需要的话，可以用化名。
	额外花一点时间来润色你的邮件。

○ 我邋里邋遢 ○	找出一个让你显得邋遢的习惯，然后加入一个能迫使你整洁起来的新的小习惯。比如，我每天晚上都会把换下的衣服扔在床边，结果衣服堆积如山。于是，我就把衣服扔到过道上，如此一来乱扔的衣服就会挡到我的路，迫使我早上必须把它们捡起来并放进脏衣篓。
○ 我是个老好人 ○	下次有人让你做什么事的时候，别不假思索就说"好"，而是请他再说一次他的需求，让你有更多时间考虑。
	请对方多给你一点时间来考虑某项提议，这样你可以权衡利弊，毕竟我们都不应该拍脑袋来做重大决定。

当然，我不是说什么都能改变，我们不可能通过微调一些行为就完全改变和操控自己的未来。但是，正如上述例子说明的那样，我们比自己想象中更有力量做出改变。所以，这值得一试，对吧？

如果有一些行为模式已积重难返，凭一己之力无法改变，那你还可以咨询专业人士。我相信，所有人都可以通过咨询专家而获益。我曾为了更好地与他人合作而咨询了几次职业心理治疗师，从中获得了很多对自我身心的全新认识。强烈推荐大家试试看。

要成功改变行为，需要：

- 迈最小的步子，这样会让你更愿意开启改变之旅。

- 一个个来，切勿试图一次改变多种行为。改变需要耗费巨大能量，一个个来能提高成功率。

- 若想改变某种行为，就要知道这种行为何时何地出现，是否有规律。你也就能知道何时要提高警惕。

- 问问自己，能否在旧习惯中加入一个新行为。只要将两件事绑定在一起的时间足够长，就能形成新习惯。比如，把"用牙线"加入"睡觉前刷牙"的习惯中，大脑就会自动将两个行为绑定起来。不断重复，就能养成新习惯。

- 找出养成新习惯时遇到的最大阻碍。用"如果这样，我就那样"的方式，提前设想并克服这些阻碍。比如，如果下雨，我就穿上防风衣，照样去跑步。这样，下雨时你就不会找借口不去跑步了。

- 将自己的新行为广而告之。比如，告诉朋友你再也不会弄丢钥匙了，因为你会把钥匙放在固定位置。或者宣布从现在起，你会把会议上商定的内容都记录下来，这样就不会忘记了。这样做既能改变你内心对自己的看法，也能改变别人对你的看法。如果你运气够好，大家甚至会给你打气。

链条不能断法则

著名脱口秀演员杰瑞·宋飞（Jerry Seinfeld）有一套控制自己行为的独家方法，叫作"链条不能断法则"。他在墙上挂一张大大的日程表，和自己约定每天写完新段子后，就在日程表上画个X。必须每天都写，写一个就行，X所形成的链条不能断。"链条不能断"也成了他后来的座右铭。这个方法对改变行为、养成习惯非常有效。

第三步：健康的自我发展

想精益求精，但面对源源不断的压力，如何才能不崩溃呢？你或许还记得在引言部分，我说过不喜欢别人劝我放轻松，让我别这么辛苦了，这种话当然也不会从我口中说出。但我认为，必须尊重自己的极限，用健康的方式实现自我发展。通过过去几年的探索，我发现了培养动力与志向的巧妙方法。

每个人都会受到三股力量的激发：内在期望、外界期望及自身的能量。问题是，你的极限在哪里？要回答这个问题，先来探究一下这三股力量的模型。

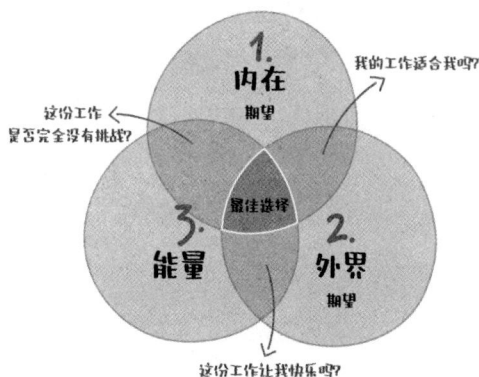

力量 1：内在期望

你的自我期望是一种内在的声音，它驱使着你抓住成长与发展的机会。只要满足以下条件，内在期望就可以成为你的指南针，指引你前进：（1）与外界对你的期望相匹配；（2）你为成长与提升所做的努力让你充满能量，而非让你耗尽能量。

如果你想做的事仅仅落在内在期望的圆圈内，说明你的期望高得不切实际。这些期望并非来自外界（圆圈 2），不仅不能给你带来能量（圆圈 3），还会使你身处险地，因为不切实际的高要求会耗尽你的能量。

我会一种叫"身外测试"的思想实验来帮助自己及时发现这种不切实际的期望。做法很简单，就是假装灵魂出窍，俯身看着正坐在桌前、椅子上、沙发上工作的你自己。你对这个人有什么样的看法？他对于成长的追求是否健康、是否实际？你会和他说什么？

161

几年前，有很长一段时间，我每天拍视频并发布到社交网站上。后来，我做了"身外测试"，发现其实没有人要求我非得每天这么做，唯一对我有这种荒谬期望的人就是我自己。

"身外测试"常能让人开启全新视角。我建议你也试一试。

力量 2：外界期望

我们不可能盲目地迎合外界的期望，或是你想象中外界对你的期望，也无须太过理会陌生人对你的看法。但是有些外界期望和看法则不能无视，它们来自你的老板、同事、朋友以及家人。

如果他人对你的期望比你自己的高，你会很容易感到挫败。这样的期望差一定会带来压力，而且这种压力不会让你变得更好，反而会让你陷入自我透支的险境。

外界对你的期望是否让你身心俱疲？工作对你的消耗是否大于回报？每当外界给的压力令你感到负担倍增时，就要特别注意了。

首先，要对这样的期望保持怀疑态度，因为你认为的外界对你的期望十有八九并非真实存在。想一想，老板周六给你发邮件，真的期望你 5 分钟内就能回复吗？同事真的期望你能马上解决会议上提到的疑难问题吗？在工作中遇到这些情况时，我建议：先明确你认为外界对你的期望是什么，尽量具体，而后思考哪些期望给你带来了最大的压力，最后找上司和同事聊聊。

如果外界对你的期望确实高得不切实际，令你负荷过重，那就提出能否降低期望。毕竟，没人希望你连续几个月超负荷工作，身心俱疲。合理设置任务，在做擅长的事和保持学习间找到平衡，才能发挥出你最大的潜力。如果调整后仍然无法解决，那可能就是你老板的问题了。

力量 3：你的能量

你觉得自己有能量吗？这个问题能很好地度量你是在做适合自己的事，还是大材小用或小材大用了。平衡好简单和有挑战性的任务，能让你取得巨大的进步，且保持高水准。

你现在是能量过剩还是能量枯竭？这两个极端都意味着你自己或他人对你的期望与你的能力不匹配。

不久前，我开始记录自己的能量水平。每周我都会从 1 到 10 给它打分，并简单记录下那周的感受。这个方法使我找到了做每周复盘的最佳时间，于是才有了周五复盘的习惯。我还发现，全天不停地开会能让我筋疲力尽，把会议分散在一周时间里更适合我。明白了这一点后，我的效率就提高了。如果你之前没有这样记录过，可以试着回忆一下。做一张代表过去几周的图，绘制出你的能量水平，或者可以反过来绘制压力水平。

如果你对自己的期望、别人（老板、朋友、家人、伴侣）对你的期望以及你的能量水平这三者互相吻合，那么你就能所向披靡了，你会觉得自己无所不能。但这样的平衡通常不会持续太久，一切尽在变化中。在舒适圈里待久了便会百无聊赖、能量过剩，因此我们需要不断地调整。想继续成长？那就为自己设置有挑战性的目标（内在期望），或开始一个新项目，并承担随之而来的外界期望吧。

如果你总感觉压力很大，不妨仔细看看这三种力量，即你的内在期望、外界期望及能量水平之间的关系。一旦弄清楚了压力是来自内部还是外部，你就可以停下来，选择调整自己的内在期望，或勇敢直面外部压力。

CHAPTER. 10

策略性思考

实话实说：你上一次花很长时间认真思考一件事是什么时候？我说的是那种真正绞尽脑汁的思考。或者上一次你回顾过去，后悔做了欠考虑的决定是什么时候？你有多少次被完成一件事所耗费的过长时间或复杂程度杀了个措手不及？

本章将帮助你提升思考能力。现在，我先直接给出建议：一定要花时间去思考。听起来很简单，但只要真正坚持这么做，你就能遥遥领先。所以，请给思考留出时间。要在日程表中专门安排出思考时间，安排出来后，你才会看到并且做到。另外，无论你要思考什么，先写下来，列出细节，然后睡一觉起来再说。

让思考成为优先事项

或许你有过这样的体验：在洗澡时突然灵光闪现，一下子解决了困扰你好几天的问题。这种时刻无比美好，有人称其为"顿悟"，也就是突然开窍。其实这种说法并不准确，因为这样的顿悟时刻其实源于你对一个问题长时间有意或无意的思考。实际上，你早已在脑中思考多时，酝酿过无数可能的解决方法了。

一个人想买大众汽车时，便会感觉满大街都能看到大众汽车。这是因为大脑接收到你有意或无意释放出的信息。于是此时在你的大脑中，大众汽车成了敏感点，一旦出现，你就会接收到信号。我们可以利用这点，借助脑力对信息进行预先挑选。也就是说，你可以主动给大脑提出一个问题，然后给它时间慢慢消化，这样你就会自动想到一些经过深思熟虑才能得到的解决方法。

此外，我还使用了一个能让思考能力更进一步的方法：策略性思考。

我们都会遇到不知如何做选择的情况，比如在周五复盘时（是下周就启动 X 产品的公关计划，还是等产品经过更多道测试之后再开始），在浏览待办清单时（要不要雇人，具体工作内容是什么），在做全年回顾并制订来年计划时（要不要报名参加高阶课程，哪个课程最适合我）。

面对选择，你有三条路可走：要么晚点再决定（这本身也是一种决定）；要么当机立断，采取最先想到的方法；要么进行策略性思考。下面我想和你具体说说这第三条路。

面临困境，你越是能进行策略性思考，结果便会越好。策略性思考让你能够更好地整理、评估、计划、工作。谁不希望如此呢？但想让这个方法发挥作用，你要肯花时间，给自己思考的空间。

你可以使用以下四个策略性思考的要点来解决各种疑难杂症：

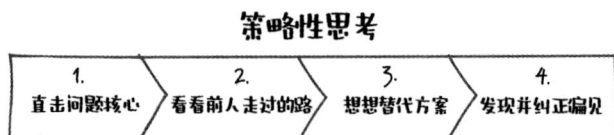

策略性思考

1. 直击问题核心	2. 看看前人走过的路	3. 想想替代方案	4. 发现并纠正偏见

我喜欢按照顺序应用这四个要点，你也可以根据自己的情况挑选合适的来使用。现在，先来看看它们分别可以发挥什么作用吧。

直击问题核心

热火朝天的头脑风暴很容易让人采信一些未必行得通的方法，并迫不及待地要开始行动。这种热情当然很棒，但也可能让你掉入陷阱。我就险些吃了亏。记得有一回，经过头脑风暴后，大家对提出的方案都非常满意。但是随后有人提问道："所以，问题真的能解决吗？"全场立刻陷入沉默，大家这才发现刚刚提出的方案只是看起来很有创意，其实行不通。

要想出更好的方案，就必须花时间认真分析问题。对问题的分析越完善，得到的方案就越好。比如，你现在面对的问题是经营的餐厅收入下降了。就算你不去分析问题本身，也可以想出一些解决方法，比如提供外卖服务、增加户外座位，或请个新主厨。说不准直觉加上一点运气，餐厅收入就回升了。但是如果餐厅利润大幅下降，需要你投入现金弥补亏损，这时还想着依靠直觉来解决问题，便是天方夜谭了。

你要做的是找到根本原因。通过回答以下三个问题，你可以找出根本原因，直击问题核心。

问题 1: 问题到底出在哪里？

先别思考可能的原因，更别去想解决方法，你要做的是先弄清楚到底是哪里出了问题。是每天的流水太低，还是成本太高？从预算中可以看出什么端倪吗？问题到底有多严重？你需要多少钱？先聚焦于问题本身，不要急着去想怎么解决，这样你才不会在治标不治本的方法上浪费时间和金钱。

问题 2: 你觉得造成问题的原因是什么？

如果这个问题在你的职责范围内，那么你最有可能看到问题的根本原因。试试把你看到的问题写出来或画出来，这么做能使问题更加具象，和别人说明时也更容易。

有一个很管用的老方法——"五个为什么"。回到餐厅的例子上，我们可以问五个问题：

- 收入为什么下降？→ 因为近几个月回头客少了。

- 为什么回头客少了？ → 因为之前他们一般会通过某个平台订餐，但现在预订的人变少了。

- 为什么通过该平台预订的人变少了？ → 因为我们收到了一个差评。

- 为什么收到差评？ → 因为有位客人有忌口，但服务员没有询问，菜单上也没有写清，于是客人给餐厅打了差评。

- 为什么菜单没有写清？ → 菜单上没有标注所用食材，导致客人无法确认是否含有其所忌口的食材。

要打破砂锅问到底，有时需要费点劲。在上述例子中，你得先发现很多回头客都是通过某一平台预订的，然后去平台上阅读所有评价，再找到那天上班的服务员……这样，你才能对问题的根本原因有一个清晰的认识。

作为餐厅老板，你可以根据这些问题的答案，针对性地采取行动，如升级菜单、请那位差评用户免费用餐以获得好评。基于严谨调查做出的微小调整，能带来显著效果。

有时，需要把问题放在具体的大背景中考虑。比如，你要开一家新的连锁店。你知道近几年很多大型连锁店都倒闭了，那你成功的概率有多大？要回答这个问题，你必须花时间分析其他连锁店破产时所处的大背景。造成它们破产的主要原因是什么？次要原因是什么？所有区域的连锁店都受到了相同程度的影响吗？有没有哪些区域的营业情况反而更好了？它们为什么能挺过来？

深入了解行业背景和历史，能帮你更好地看清问题。

问题 3：为什么顾客或用户变少了？

如果你所遇到的问题与顾客或用户减少有关，那唯一的解决方法就是和他们交谈，搞清楚他们到底遇到了什么问题或困难。要认真对待顾客，理解他们的感受，这才是最重要的。

我在布兰道公司工作时，公司位于市中心的写字楼综合体，楼下便是全荷兰最大的火车站，每天行人络绎不绝。我们会下楼去和行人攀谈，问他们对我们公司的看法，几乎每次都能得到一些全新的观点。正是这些实时调研让我明白了客户不使用我们新产品的原因。当然，不是所有的公司楼下都有千千万万的行人，你可以通过邮件和客户联系，问问他们能否给一些简单反馈。

比如，在餐厅的例子中，你也可以试着收集顾客的反馈。或许通过他们的反馈，你会发现原来问题并不在于食物品质或价格，而在于餐厅营业时间，那么问题便可迎刃而解。

你可以对照下面几个要点，检查自己是否已经直击问题核心：

- 用准确的语言描述问题。
- 使用"五个为什么"，找出根本问题。
- 和相关人员交谈，找到问题原因。
- 结合根本原因，重新描述问题。

感觉已经抓住问题核心了？那么就进入第二个要点：看看前人走过的路。

看看前人走过的路

2014年，布兰道公司决定重新设计"用户初体验"板块。因为用户只有对初体验满意，才会注册会员，所以这个板块非常重要。毕竟，这是用户第一次，甚至可能是唯一一次接触公司的产品。

我们想了一些新功能，也颇有把握。但这次，我想要采用系统性的方法。毕竟开发软件是项巨大工程，我们要先确认方向是否正确，或解决方案是否完善。

我花了30天去摸清状况。在这30天里，我每天都去其他公司的网站上进行用户初体验。

对我来说，这个方法简单有效，而且每天花费的时间还不到半小时。我记录下注册每个产品时遇到的问题并写在博客中。虽然投入时间不多，但是一个月后，我就成了用户初体验板块的行家。

有了这些认识，我想到了改进方法，优化了布兰道公司用户初体验板块的设计。

这些改进是翻天覆地的大调整吗？并不是。但那些经过其他公司验证的方法，为我们的设计奠定了坚实的基础。你看，花时间分析别人是如何处理问题的，并且把别人已总结的经验化为己用，是非常高效的方式。

再举个例子。你发现一个特定品牌的鞋子很难买到，于是看到了商机，决定自己开一家网店销售。你想先摸索一下，看看其他商家是怎么做的。这个想法不错，但是要怎么开始呢？

- 第一步显然是去浏览其他卖鞋子的网店。你可以参考我在调研用户新体验板块时的做法：每天看不同的网店，记录亮点。问问自己，在这些网站的购物体验如何？为什么有的网站能吸引顾客且操作简单，有的就做不到？你喜欢哪些功能？不喜欢哪些功能？你可以先浏览一些品类有限的小网店，也可以去探索一些大规模、更专业的商店。如果要获得更完整的体验，你甚至可以在每家店都消费一笔，这样一定会发现其他同行未能发现的细节。

- 接下来，去研究相关企业。比如，国外卖鞋子的网店（不同地域）、卖配件的网店（不同行业），或实体鞋店（不同销售渠道）。

- 想要更进一步？那就扩大范围，去研究出售服务而非产品的公司，或不仅出售还生产鞋子的公司，也可以研究你的产业链中的服务商，如物流服务商。

除了自己分析别人的想法，直接找专业人士交谈也大有裨益。当然，你的直接竞争对手可能不会和你分享秘诀，但你可以找和你在不同市场或服务不同目标客户的企业。

研究并仔细分析前人走过的路，能让你少走弯路。现在，你可能已经找到了满意的方案，但先别急着下定论，更不要盲目开始行动。因为接下来要讨论的第三个要点，能给你带来更多可选方案。

发明并非凭空创新

发明是对现有想法的拓展。以技术革命为例，蒸汽机的发明带来了工业革命，将蒸汽机置于带轮推车上，便是现代汽车的雏形，将这个推车放到铁轨上，便是火车的雏形。但蒸汽机并非全新产物。早在公元1世纪，人类就发明了汽转球。汽转球是一个注满水的球体，与两个空心管子相连。将其置于蒸汽上方，喷射而出的蒸汽会使球体转动。所以，研究现有想法能带来巨大突破！

想想替代方案

多年经验告诉我，我们想到的第一个解决方案往往不是最佳方案，带来的通常也只是平凡无奇的结果。但很多时候，我们的大脑却会采用想到的第一个方案。这是因为思考要消耗能量，而人脑喜欢轻松、喜欢效率最大化。

明白了这一点，我希望你可以养成主动思考更多解决方案的习惯。具体怎么做取决于你，只要能激发思考就行。你可以随身携带本子，记下每个灵感。在头脑风暴时，我有个同事喜欢在白板上贴便利贴，以此来整理思路，这样她一个人也能想出很好的点子。我会在日程表上留出思考时间，这对我很有用。思考时间要尽量提前，最好不要拖到问题必须解决的那一天。更理想的做法是把思考时间分摊开，用一整周的时间思考同一个问题，这会让我在洗碗或刷牙时灵光闪现。

但是，如果走入死胡同，想不出任何替代方案怎么办？这很可能是因为你将所有替代方案都拒于千里之外。此时，你要做的是先不要扼杀任何想法，无论这些想法有多荒谬，都先写下来，它们很可能会给你带来新的可能性。你可以问自己下面的问题：

- 如果没有时间、金钱、资源限制，我会怎么做？
- 如果一小时内就要解决这个问题，我会怎么做？
- 拍脑袋就能想到的简单办法是什么？
- 如果可以重新来过，我会怎么做？

你还可以用下面的方法来进行思考：

- 没想出不同方案就绝不停下。
- 把想法写下来，或者在纸、便利贴、白板上画出来。
- 写出这些方法的优缺点，让自己的思路更清晰。
- 别着急，带着问题睡一觉或出去散个步。
- 跟自己的导师或专业人士聊聊问题和可能的解决方案。

有多个解决方案是件好事，但如何从中选出最佳方案呢？这时，第四个要点就派上用场了，它让我们知道大脑经常给人添乱。

发现并纠正偏见

为了更好地理解这个世界，大脑日夜不休，它所用的机制令数据分析师都望洋兴叹。

首先，大脑是分类大师。比如，我随便给你看一张桌子的图片，你都不用看到显示器、笔记本或订书机，就能马上知道这是一个工作场所。大脑能窥一斑而知全豹。在多数情况下，这种快速判断很有用，但它也会让你在不知不觉中被误导。

想有策略性地解决复杂问题，就必须了解这些机制。美国作家、企业家布斯特·本森归纳了导致认知偏差的四个主要原因。

第一，大脑在不断过滤信息。大脑中存有大量信息，因此会不停地过滤掉以下几种：司空见惯的信息、相似信息、和你三观不符的信息。你要做的就是多加留意，从被过滤掉的信息中回收有用的东西。

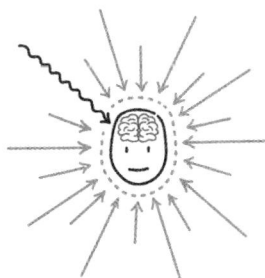

第二，大脑会按自己的意愿补足信息。如果我们错过信息，大脑就会使用熟悉的模式或刻板印象来补足。而且，相比于过去或未来，大脑更重视我们当下的经历。因此，我们往往会认为过去驱动自己行为的价值观和当下拥有的价值观是一致的。

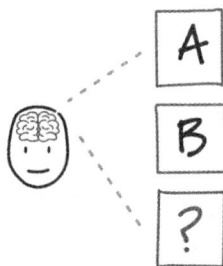

第三，大脑喜快不喜慢。要生存，就必须拥有快速决策的能力。为此，大脑创建了一些捷径，将当下排在第一位，而将未来排在后头。

第四，大脑会无中生有。大脑会压缩记忆，并补足信息，会扭曲事实，有时还会无中生有。

我们不可能彻底摒除这四类原因导致的认知偏差，但认识到它们的存在，可以让我们更好地发现偏见。本章开篇时，我给了你一个建议：花时间去思考。现在，我再给你一个建议：花时间处理这四类误导你的认知偏差。

你可以多问问自己下面几个问题，这有助于发现臆断，进而客观地看待你已经想出来的解决方案。

我喜欢这个方法是否由于：

- 我最近刚好想到？

- 我对这个方法很熟悉？

- 这个方法非常有震撼力或者非常惊人？

- 和别的方法不同，这个方法是全新的？

- 这个方法完全符合我的三观？

- 这是我自己的主意（别人的主意远不及我的）？

- 我看到了一种别人尚未发现的规律？

- 这个方法符合我的某种刻板印象？

- 我喜欢的人也曾想过这个方法？

- 我不喜欢的人想过其他方法？

- 这个方法简单好用？

- 我难以理解其他方法？

- 我觉得自己知道别人是怎么想的？

- 我觉得自己知道这个方法会带来什么结果？

- 我曾用这个方法解决过类似情况，所以非常有把握？

- 我就是知道这个方法万无一失？

- 我只对这个方法持乐观态度？

- 我已经按照这个方法开始行动了？

- 我和一个人聊过，他觉得这个方法很棒（即便没有数据证明它真的特别棒）？

- 采用别的方法可能覆水难收，太冒险了（所以我连看都没看）？

- 目前我最了解这个方法？

- 之前用过这个方法，给我带来了非常愉快的体验（但是大脑会无中生有，可能事实并非如此）？

- 别的方法让我回忆起非常不愉快的体验？

- 这个方法非常符合我的生活经验？

- 我之前遇到过完全相同的情况（但是，真的完全相同吗）？

你还可以参照下面几个要点，来发现自己的偏见并纠正：

- 记住，受认知偏差的影响，你会做出许多臆断。
- 认真研究所有可能的解决方案及相关信息，给自己留时间做决定。这样，你已经能排除很多认知偏差造成的干扰（大脑过滤信息）。
- 对现有信息要更加挑剔。这些信息完整吗？原始文件告诉你什么？通过理性思考，可以避免根据错误信息做出决定（大脑补足信息）。
- 你青睐的某种解决方案是否只是为了短期回报？请检查自己是否考虑了长期影响（大脑喜快不喜慢）。
- 如果记忆中某种方法行得通，请反复确认自己的记忆是否准确，是否有相关数据可以佐证。不要让自己掉入不实记忆的陷阱之中（大脑无中生有）。

为重大且复杂的挑战找到解决方案并非易事。如果你已经对问题刨根问底，也罗列并比较了各类方法，按照步骤排除了认知偏差的干扰，那么最后一步就是要做出选择。但在此之前，你还可以做以下两件事，实现思考上的跃迁。

1. 要对自己的想法更挑剔

无论别人对你的想法多热忱，你自己都要尽量保持挑剔态度。这似乎和我之前说的不要扼杀任何想法有点矛盾。但是，你最终只能选择一个方案，所以一定要对自己的想法更加挑剔，尤其当这个想法关系重大时，比如决定公司未来、选择攻读学位，或决定是否接受一份工作。所以，现在要拿起放大镜，重新验证你和他人的臆断，大胆质疑一切。

要想对自己的想法保持挑剔态度，可以参考以下几点：

● 记住，看问题的角度绝对不止一个。

● 问自己：如果我100%理智的话，会怎么做？这个问题能帮你发现自己感性一面与理性一面的区别。

● 尊重直觉。如果你的直觉反对一个想法，不妨结合更多信息，深入思考一下。

● 问自己：某某（代入你崇拜的人的名字）会怎么做？

● 检验事实。比如，如果我们采取A计划的原因，是它比B计划能多提升40%的营收，那就要去检验这个百分比是否正确。

● 说出臆断。我们都会做臆断，不妨开诚布公地说出来。意识到自己的想法还只是臆断并对其加以验证，这种批判性思考至关重要。

● 分析未提及的信息。未提及的信息能让你学到很多。你要经常问自己：这里是不是缺了什么能帮你从全新角度看待问题的信息？比如在筛选简历时，你可以问自己：这个人的简历中没有提及的品质是什么？

2. 记录自己的决定

想知道一个解决方案是否奏效，唯一的办法就是采取行动并静观其变。西方有句谚语：布丁好不好，吃了才知道。所以，我们要记录解决方案。简单记录即可，等事情过去或项目结束了再来回顾。我把所有重要决定都记录在电子版笔记本中，并命名为"决定"。我会用最简单的语言，通常只有一句话，写下何时做了何种决定，如："某年某月某日决定录用某候选人""某年某月某日决定终止某项目"。你也可以写下做出某个决定的理由以及有哪些方法未被你采纳。

本章告诉我们，无论面对问题还是陷入困境，策略性思考都能帮我们做出更好的决定。这么好的方法，如果不赶快学习并抓住一切机会加以使用，就真的太离谱了。

CHAPTER. 11

建立个人"顾问矩阵"

在你的人生中,是否有哪次交谈改变了你对某件事的看法,让你豁然开朗、醍醐灌顶?这种灵光一现的滋味太神奇了。想多体验几次?那就要多听、善听。

奇怪的是,人们很少讨论如何倾听。其实,无论你多么见多识广,仍有无穷未知等你探索。倾听能够帮你减少未知。

做一个会倾听的人

要善听,先不言。当然,并不是让你永远不要说话。要进行一次有效的倾听,你需要先全面思考所遇到的问题,然后向对方做细节提问,并逐渐挖掘深刻的内容。在这个过程中,一定要做好笔记。对于得到的建议,要认真尝试。最后,不论结果如何,都要向对方表示感谢。

1. 全面思考

我们往往认为自己遇到的情况是特殊的，所以不会想到求助其他人，更不会想到其实有人非常擅长处理这种情况。事实上，世界上并没有多少问题是史无前例的，几乎总有人遇到过类似的情况，你可以向他们求助。哪怕你现在不认识那些人，也可以通过一两个人的引荐与他们取得联系。

布兰道公司的创始人马丁·布兰思泰和亚历山大·克洛平将"寻求外部视角"深植于企业文化之中。这个方法可谓低投入、高回报，还能让人学得更多更快。我很快便采用了这一强大方法。每次有人提出新想法或发现新问题时，我就会问："你和其他人聊过吗？"我这么做不仅是为了得到更多建议，更是想形成寻求外部视角的习惯，因为我知道这种习惯能带来巨大改变。

但是，在找别人聊之前，你必须明白自己想知道什么。先想清楚，你面对的问题是什么？遇到了什么阻碍？你在寻找解决方法，还是想听听别人的成功背后有什么故事？

布兰道公司强调每个季度要留出三天时间，让大家专注于自己的项目和想法。引入这个做法前，我咨询了一家已经采用了类似做法的同类企业。我当时很清楚自己想知道什么，因此针对性地咨询了他们所采用的具体操作方式及其背后的原因。

当然，有时问题的针对性会弱一些。比如，布兰道公司的产品经历了几次重大变更，接下来的挑战是要加强网络营销，但我不知道要从哪里入手，所以我调研的问题很宽泛，如"网络营销如何运作"等。

2. 细节提问

要想让讨论言之有物，就要先问对问题。一个好问题能引出对方的真知灼见。工作中如此，个人生活中也是如此。

提问时，最好可以将问题集中在三个方面，即意义、背景、感受，围绕这三点的细节提问，能带给你具体的信息，帮助你做决定或解决问题。

意义。询问对方做这个选择的原因是什么？试着明确通往这些选择的每个步骤，以及这些步骤意味着什么。

背景。询问背景至关重要，因为任何事都不可能凭空发生。所以，要试着找出每个决定是发生在什么背景下的，是什么因素影响了对方做的选择，什么因素影响了结果，是否有你不熟悉的因素。通过提问，找出更多相关信息。

感受。询问选择产生的影响。他们对做选择后所产生的变化感觉如何？他们如何应对选择产生的影响？这些感受是新的吗？是否随着时间的推移发生了变化？

我会提前把想知道的内容写下来，尤其当调研问题很宽泛时（比如刚刚提过的网络营销）。如果可以做出详细问题清单就更好了，这样你可以聚焦重要事项，也可以更加认真地倾听，而不用一边听一边想着接下来要问点什么。

如果想跟被提问的人展开讨论，你可以这样问："我们打算做这个，我知道这方面你有经验，可以告诉我你之前的策略以及采取这种策略的原因吗？"或者："我在考虑使用某个软件包，我知道你非常喜欢它，可以和我说说为什么吗？"

我在询问网络营销相关事项时，提的问题是："我对你们使用的网络营销渠道非常好奇，能否和我分享一下什么渠道效果最好，什么渠道效果最差？"

3. 深度挖掘

提问环节结束，一般人就会开始谈自己的计划了。有时这样做是为了获得对方的专业建议，但多数时候只是为了显示自己听懂了。我建议你别浪费时间，还是再问一些后续问题，让自己彻底弄明白。

寻求他人建议，就要彻底弄明白对方的意思。记住，对方给出的第一个答案不可能是全面的。你最终能否得到全面的回答，完全取决于你所提的后续问题。

你可以这样问：

- 可以详细说说吗？
- 能否回到上一点？当时你究竟是怎么做的？为什么要那么做？
- 现在回头看看，你觉得当时处理得怎么样？
- 如果有机会，你会改变哪些做法？

4. 笔记记录

在交谈中，大脑会开始处理听到的信息，所以，记笔记吧。即便之后不再回看，这么做也能让你记得更牢。记笔记说明你在认真听，让你不容易分心，在开视频会议时更是如此（如果你不能或不想在会面时记笔记，那会面结束后要马上记录）。良师益友总能给你带来很多值得探索的信息，比如他们会向你推荐其他可供咨询的人选、值得阅读的书目或博文。所以，请好好挖掘笔记中的宝藏，并把它们加入待办清单或日程表中吧。

师父领进门，修行靠个人。我发现，谈话后花点时间回顾笔记，能给我带来行动动力。

5. 进行尝试

善听的必要环节也包括应用所得建议。无论是尝试使用新工具还是阅读推荐书目，良师益友的建议都值得认真对待。养成习惯，告诉自己："太棒了！我要实践这个方法。"我的导师（之后会具体聊到他）给我的建议往往乍听之下都很难实行，但尝试后便会觉得非常值得。

6. 表达谢意

这一步并不能帮你解决问题，但能助你走得更远。很多人得到建议后，完全没有表达谢意（只会在社交软件上添加对方为好友）。其实表达谢意很简单，比如你可以说："嗨，谢谢你抽空和我交谈！你给出的建议非常棒，我刚刚下单购买了你推荐的书。"不要觉得别人不想听到这些话，表达谢意能让对方知道你重视他，采纳了他给的想法和建议，为你们未来的交流开启大门。一旦对方知道你充分应用了他的建议，未来就更有可能再次帮助你。

建立自己的顾问矩阵

你或许和我一样，陷入困境时总会固定向某些人求助，但你是否想过找找其他人？相信我，这会让你有意想不到的收获。但是该找谁呢？在特定情况下，要找到最合适的人，关键看这两个因素：他对于这个问题了解多少，他对你及你所处的状况了解多少。

第一是对问题的了解。谁真正知道如何解决你当下的问题？比如你想买房，可以认真听取其他业主的建议，但如果询问地产行业的朋友或已购多处房产的人，你会获得更多信息。想得到真正的好建议，就从询问专业人士开始。当然，专业人士可能有一个缺点，就是会执着于自己固定的解决方案。所以，要问问他们为什么倾向于某种解决方案、不建议采用哪些方案。可以的话，再问问其他专业人士的见解，或许会给你带来意想不到的全新视角。

第二是对你及你所处状况的了解。如果你咨询的人知道你想要什么，并且了解你的强弱项，那他就可以给你带来很大帮助。这个人很可能是你的朋友、家人、伴侣或同事。但要注意，咨询这些人也有一个不足之处，那就是他们可能怕伤害到你或破坏你们的关系，故而给出意见和建议时有所保留。

在弄清这两个因素的基础上，你可以建立自己的顾问矩阵。下图的四个象限分别代表四种不同类型的顾问，看看他们能为你提供什么帮助吧。

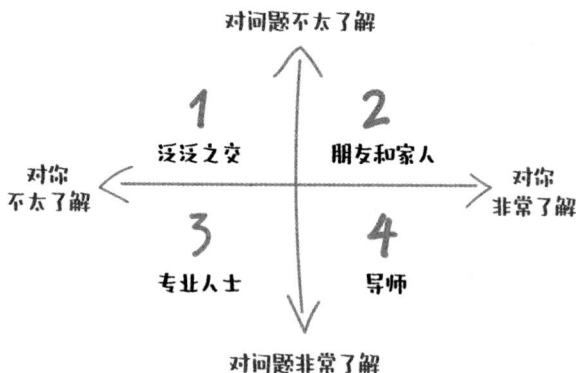

1. 泛泛之交

泛泛之交对你和你所处的状况都不太了解，也不是你所咨询领域的专业人士。他们或许是成功人士，但并不了解你所咨询的问题，因此给出的建议也未必正确。不过，也正因为他们不是专业人士，所以可能会为你提供新鲜视角、创意见解。并且，通过了解他们为什么得出相关建议，你可以学到其思考方式。此外，他们也可能给你介绍相关领域的专业人士。

2. 朋友和家人

朋友和家人很了解你，可以设身处地为你着想。他们对你及你所处的状况非常了解，是你咨询的完美人选。但是也要小心。首先，朋友往往不愿意直言不讳；其次，有的朋友不是专业人士，无法实践出真知，不能给你解决方案，却一直试图让你接受他们的观点。不过虽然有这些缺点，朋友仍然可以帮你找到答案，因为：

- 朋友会和你分享他们对你的看法，告诉你他们觉得哪种方案最合适。几年前，我想去国外徒步，但是犹豫不决，于是问了几个朋友。他们的鼓励打消了我的疑虑，最后我在奥地利的徒步完美收官。我仍然需要有经验的徒步者给我提供装备等方面的专业建议，然而，正是因为朋友的鼓励，让我知道自己会喜欢穿越重峦叠嶂的感觉。
- 他们足够了解你，会帮你分析问题。所以，与其向他们要解决方案，不如请他们帮你一起找到问题所在。
- 朋友乐于帮你找到专业人士。

3. 专业人士

很多情况下，问题不是找不到专业人士，而是在你当前所处的状况下，哪位专业人士最好，那才是你要找的人。虽然我从管理学书籍和视频中可以学到很多，但是和专业人士的一次精彩讨论，能让我在短时间内学到真正需要的内容。想要充分利用和专业人士聊天的机会，可以参考以下建议：

- **找对人**

  花时间想想谁是最佳人选。思考一下，对于你的问题，这个人是否有经验？在这个领域，他是否已经取得非凡成就，或是否有失败经验可以和你分享？

- **约定会面**

  找到专业人士的最好方式是通过中间人介绍。如果没有，那次好的方法就是直接写邮件邀约。无论是否有中间人，你的邮件内容越简单明了，对方就越有可能答应为你解答疑惑。可以试着和对方约在他最喜欢的咖啡店聊半小时。当然，要由你来买单，同时注意不要超时。

- **做好准备**

  每个人的时间都很宝贵，你既然有求于人，就要提前做好准备。很多专业人士会在领英等社交网站或个人网站分享相关知识，你可以提前看看。如果你希望交流发挥最大作用，就要准备好一系列具体问题。如果问题较为复杂，不妨提前写邮件给对方，列出相关背景资料。同时，在准备时，务必要牢记此次会面的目的。

- **无须辩解**

  咨询专业人士往往要赤裸裸地暴露自己的做法，这时我们很容易想为自己辩解。毕竟，坐在你面前的这个人并不了解你和你所处的状况，而且你也没有做得那么糟，对吧？但是，辩解无用。辩解无法带来收获，还会让对方不悦。记住，咨询专业人士时，你要做的就是倾听与学习。

- **阐明限制**

  如果受到技术、财务，甚至法务方面的限制，使你无法采纳对方的建议，请当场提出，并请求对方给出其他建议。比如，布兰道公司和许多纸刊杂志签署了关于发布文章的相关合同，这些合同也会限制我执行某些计划。如果一位专业人士为布兰道公司提出的解决方案恰好因为这些合同限制而无法执行，我就会当场告知对方。通常，对方会提出一个更棒的新方案。

- **最后，享受交谈！**

  和愿意分享经验的专业人士聊天，是最美妙的事。这是你向他学习的机会。

4. 导师

和普通的专业人士不同，导师是你会定期交谈的人。除了拥有丰富的知识与经验，好导师也非常熟悉你的情况。你们经常联系，关系非常密切。因此，导师的建议会直切要点。而且随着你的成长，导师会越来越了解你的需求。

可以选择你所崇敬的人做导师。最好不要是同事，因为你们在工作中存在利益关系。与你无利益关系者，更能客观地给出建议。常常有人问我："听起来挺不错的，但我如何才能找到导师呢？"两条建议：

- 多和专业人士交谈。我是通过一位专业人士认识了我的导师，而这位专业人士是我通过另一位专业人士认识的。如果没有督促自己多认识一些专业人士，我就不可能找到导师。和专业人士交谈就是典型的重要但不紧急的事。好导师不会不请自来，要努力寻找。你需要的导师，应该拥有专家级知识，并且愿意倾听你的需求。要找到这样的导师需要花费时间，但绝对值得。
- 不要指望找到全能导师，只要能找到某个方面的导师就好。要找到一个工作兼生活的榜样几乎不可能，但我们大概率可以找到一个能对你的工作或生活某个具体方面提供建议的导师。

合适的导师人选往往有以下几个特点：你特别愿意倾听他们给出的建议，比起其他人，他们更会挑战你的观点和做法，和他们分享细节或没把握的事让你觉得自在，他们会提出尖锐问题，给出有效建议。听到这里，你心中已经有一位符合上述描述的人选了？太棒了！不着急，先缓缓，然后问对方是否愿意再和你交谈一次。

这次的会面和之前一样，要做好准备，明白自己想知道什么。可以利用本章提到的善听方法。如果这次会面依然给你带来了帮助，那你就可以问问这个人是否愿意成为你的导师。

这种师徒关系基本上就是定期交谈。我和导师每个月交谈 1 小时。因为是你有求于人，所以应该由你做好安排和准备，并向导师汇报自己的最新进度。以下是具体操作：

- **安排**

  提前选好对导师来说方便的时间和地点。我的导师在美国加州，我在荷兰阿姆斯特丹，有时候交谈的时间对我不是很合适，但我不介意，因为我们的交谈非常有价值。

- **准备**

  导师腾出宝贵的时间给你，如果你不做好准备就很失礼。我喜欢在双方共享的谷歌文档中列出所有待讨论内容，包括面临的困境、近期进展不顺的事项等，这样导师很可能会给你建议，让你在未来避免这些问题。与导师会面前，我会更新文档，并给他发送邮件提醒及文件链接。

- **报告最新进度**

  就像和其他专业人士交谈后一样，和导师交谈后，你会有一系列接下来要尝试的做法。切记，要和导师报告你的最新进度，这对下次会面很有帮助，而且能加深师徒关系。将导师给你的建议付诸实践，并报告最新进度，他会明白你很珍惜并采纳了他的建议。进度更新无须复杂，只要简单写个邮件，总结你的做法以及产出的结果即可。

好导师，金不换。随着时间的推移，导师会越来越了解你。有了他的帮助，你会进步得更快。我的导师引导我做了很多更好的选择，比如雇用谁、如何制订计划、读什么书。他教会我仔细思考对自己有长足意义的事。有一次，我和团队同事意见相左，导师给了我无价的建议。当时，我和同事对一个问题的看法大相径庭，沟通非常不愉快。我告诉了导师，他给了我一个简单明了的建议：找时间和这位同事坐下来聊聊，去理解他脑中的构想，给他一个白板，让他描画自己的想法。我采纳了这个建议，和同事约了会面。那次的会面成为我们关系的转折点，让我们彻底理解了对方的想法。这一经历让我大开眼界，我意识到自己的双眼被情绪所蒙蔽，竟看不到如此实际的解决方法，而我的导师给了我真正需要的东西。

所以，和导师、朋友、专业人士、泛泛之交、同事保持联系，倾听他们的看法，一定会让你在工作及生活中收获良多。

CHAPTER. 12

找个互相鼓励的"同伙"

奇幻巨作《指环王》的作者托尔金曾这样描述他的作家友人刘易斯:"我欠他的情永远还不清,这份情并非他对我写作方法上的帮助,而是他给我的鼓励。很长时间以来,他是我唯一的读者。是他让我知道,我喜欢的玩意儿原来能被大众所喜爱。"

谁都需要鼓励。只有自我激励很难走远,尤其是在困难时期或是面对艰巨任务时。因此,无论我在何处就职,都会把和他人分享工作内容作为优先事项,因为在分享的过程中,常常能获得鼓励。从之前软件代理公司的周例会,到布兰道公司的每日碰头会,再到现在的企业家团队线上会议,这些会议不仅有趣,还提供了聚在一起分享工作内容的机会,极具启发和鼓励作用。

我还想到另一种获得鼓励的方式。2014 年开始,我和我的商业合伙人德克每周开一次视频会议,聊聊各自的工作和生活,互相挑挑毛病。德克和我年龄相仿,我们有不少共同语言。每次和他会面后，我都会更有动力。这样的"问责式会面"成了我每周固定的亮点。

第四章中提到的一周复盘是查缺补漏的好机会，可以查看这周有没有遗漏事项，并为下周做好计划。但是，若查漏补缺之后不采取任何行动，那复盘就毫无意义。毕竟，哪怕你一直拖着不去做困难任务，也不会有人对你指手画脚。

因此，你需要有个好的问责伙伴——我喜欢称其为"同伙"——督促你不要一再逃避目标。同伙会提醒你别忘记自己的目标，会给你提供建议并鼓励你，会指出你的不足，让你更好地进步。你要给同伙开绿灯，让他可以直言不讳，即便有的话你不爱听。

和同伙一周一次的问责式会面不能代替一周复盘，这两件事都要做。复盘让你理清混乱，制订出下一周计划，而问责式会面能给你批评反馈，同时，你也能为对方提供批评反馈。

但是，要如何找到这样的同伙呢？

寻找同伙

当我和朋友们提起问责式会面时，他们的第一反应都是吃惊，第二反应就是："我从没想过还能这样做，这不会太麻烦别人了吗？"别担心，这其实是一件互惠互利的事。在会面中，你的建议对同伙来说也同样有价值。

如何找到一位合适的同伙呢？以下是完美同伙的一些特点：

- 他是你信任的人，和他谈论任何话题你都不会不自在。我和德克一开始并不那么了解对方，所以话题最初只停留在工作层面。熟络之后，我们开始分享自己工作以外的理想与抱负。
- 他要善于倾听。如果他能给你空间让你发言，你们的聊天将极具成效（同时，你也要学会倾听）。
- 他要能给你提供正能量。每次对话结束后，你应当感觉全身充满能量，让你可以继续前进。
- 他能有话直说、敢说真话。

我知道你现在可能会有点发怵。别退缩，你肯定认识一个符合上述所有条件的人。可以先从你的多年好友里找，或者找找老同学、生意伙伴、其他团队的同事，看看他们是否想尝试一下。可以来个试验期，如果行不通，你们就随时喊停。

心中已经有合适的人选了？告诉对方你的想法，对方同意后，就可以开始组织第一次问责式会面了。

与同伙的第一次会面

第一次会面很简单，选个时间见面就好。在这一次会面中，你们要商定模式。下面是你们一定要考虑的问题：

- 会面形式是什么？
- 想讨论什么话题？哪些话题不能触碰？
- 会面频率是怎么样的？
- 希望从对方那里获得什么？
- 希望从会面中获得什么？
- 试验期多长？

要让会面发挥最大作用，你们就需要花时间了解彼此。第一次会面后，仔细思考这位伙伴是否适合你。比如，我和德克就商定先尝试三次，看看我们是否适合对方。

如何开展问责式会面

先和你分享一些我的经验教训，希望能够帮你更快、更好地开展会面。

第一是时间。我和德克晚上都很忙，为了能定时会面，我们便将时间固定在了某个工作日的上班时间之前。这个时间点很完美，因为之后往往都紧跟着其他事项，这促使我们必须特别注意会面时长。我们住在不同城市，因此是在线上见面。

第二是会面时长。无论会面是在清晨、白天还是晚上，都要控制时长。有时间限制能让你们开门见山且不跑题。我和德克每次会面都是半小时。最初，我们会轮流向对方提问，但这样在对方回答时，自己就会分心，想着一会儿要说什么，不能很好地倾听。于是我们将时间直接一分为二，每人发言 15 分钟，完美地解决了这个问题。

第三，要注意记笔记，这会让我们听得更专心。同伙发言时，我会在谷歌共享文档中总结要点，他也能实时看到。这样，他可以专注于自己的发言，且知道我是否理解了他表达的内容。记笔记的另一好处是能将对话存档，为年度回顾提供便利。

第四，做好准备工作。每次会面都是围绕一些固定话题（稍后会具体讲）展开的。我们发现，如果可以提前思考答案，会面就能更有成效。所以每次会面前，我们会先写下答案。这能让我们的表述更准确，且能心无旁骛地倾听对方给予的反馈，不会分心去想后面要说什么。如果你觉得和同伙的会面效果仍有提升空间，可以检查一下是否做足了准备。

第五，控制好会面频率。现在我和同伙每周见一次。其实最初是两周一次，但这样间隔时间太长，到了下次会面时，之前定好的计划、优先事项都已被我们抛诸脑后。改为每周一次后，效果倍增。如果哪次会面因为有事不得不取消，那么等到再次见面时，我们甚至会感到自己的动力和专注力有所下降。

一份清晰的议程能让会议进展得更顺利，对于跟同伙的会面也是如此。如果你不能提前制订好议程，整个会面很有可能偏离正题。当然，会面开始时可以互相打打招呼，但略作寒暄后就要充分利用剩下的时间。

我和德克的每次会面都会围绕固定话题展开，这样能确保讨论不偏离轨道。以下就是我们的话题清单。

1. 你正在努力实现哪个目标？

在会面中加入对目标的讨论，可以确保你不会忘记目标。这么做很有帮助，毕竟，要想提高目标实现的可能性，就要多次想起这个目标。

我和德克决定，会面的第一个问题是"你正在努力实现哪个季度目标"，这个问题迫使我们选定一个目标作为当前的优先事项。我的回答可以让我马上知道下周大部分时间要花在哪里。同时，同伙会记下我准备采取的行动。

还没有设定过目标？没关系。可以从这个问题开始：下一周你最想专注于哪件事？

2. 上周安排的行动执行得怎么样？

这个问题用于检查我们是否完成了上周安排的行动。未完成也别不好意思，每个人都会如此。重点是和同伙讨论未完成的原因，找到全新视角，下周继续努力。

3. 上周哪些事项进展顺利？为什么？

这个问题听起来很简单，但是真要说出原因却并不轻松。找到进展顺利的事项不难，难的是思考你是怎么做到的。回想并问自己：什么让你觉得特别高兴或自豪？你的贡献是什么？一定要准确回答，这样才更有效。比如，你可以回答说"我搞定了一场大型会议"，但这样的表达信息量过少。"我想办法腾出了周二的时间来准备周三的大型会议，有了充分的准备时间，最终会议进行得非常顺利，我欣喜不已"，这样准确的回答点明了会议得以顺利进行的原因。这才是你需要的答案。

4. 哪里可以做得更好？

对我来说，这是会面中最重要的问题。前事不忘，后事之师。我们要顶住得过且过的诱惑，花点时间好好思考这个问题。每次会面前，我都会浏览一遍日程表，唤起记忆。日记也能起到这样的作用。

思考这个问题有诸多好处。例如：通过思考，我发现如果把周末时间排得太满，周一时就会精神不振。于是，我做出调整，确保周末行程不要太满。我的同伙也会定期问询，让我不会对此掉以轻心。

5. 你如何平衡各种事项间的关系？

前段时间，我和同伙将这个问题加入清单。因为我们发现自己经常在忙碌中迷失，忘记了照顾自己。那时我们睡眠不足，无暇放松，连晚间时间都被挤得满满当当。我们都知道不能再这样下去了。每周提问这个问题，能让我们停下脚步，反思自己的生活节奏是否健康、可持续。

6. 如何成为更好的伴侣或父母？

慢慢地，我们的会面越来越有针对性。如何成为更好的伴侣或父母这一问题对我们俩都很重要。现在，我和德克已经熟悉到可以谈论这个话题的地步。将这个问题加入每周会面中，能让我们积极思考和伴侣之间的关系。我们都已为人父，这个问题也让我们每周都能反思自己是不是个称职的父亲。

7. 下周要采取哪些具体行动？

这一问题是会面的核心。我和德克会在共享文档里写出详细的行动计划。当然，我们也可以单独写下各自要采取的行动。但我知道如果这样做，我能完成一半就谢天谢地了。在共享文档中一起制订计划能带来被监督的感觉，完成度会提高很多。此外，还要把这些行动写入日程表及待办清单中，确保你不会遗忘。这样做肯定会和每周复盘时整理出的任务有重复，这样更好，因为和同伙的聊天常能给你带来看待这些任务的全新视角。

问题的提法一定要能引导我们采取下一步行动。"你和伴侣间的关系如何？"这样的问题讨论起来很有趣，但并不能推动你采取行动。"如何成为更好的伴侣？"就能让你马上思考具体行动。要记住，你想从同伙哪里获得的是做出改变的推力。所以，请尝试不同的问题提法，看看哪种最适合你们。

我和同伙会定期检视这些问题能否产生我们预期的效果。若不能，则更新问题。但问题的底层逻辑不变：先回顾过去一周，看看行动是否与目标一致，再展望未来一周。如果我们周复一周，原地踏步，就意味着某个问题效果不佳，该考虑更换了。

会面后，我和德克会及时告知对方自己取得的进展。这不是要监督对方，而是互相鼓励，勇往直前。分享成就的感觉非常棒。当然，互相鼓励的方式取决于你们自己，关键是双方都要明白对方希望获得什么，什么话题能让对方感到自在，什么方法有效果。

会面时要注意的问题

没有什么是一蹴而就的，有效的会面也是如此。多加练习才会熟能生巧。下面是我从自己以往会面中吸取的经验教训，供你参考。

1. 问题不够直击要点

你得到（或给出）的第一个回答通常都不全面。所以，高质量会面很大程度上依靠的是巧妙、有建设性的后续提问。问题一定要直击要点，这是会面的力量来源，也是你肩负的重责。一段时间后，你将能预判同伙要提出的问题。如果对方很容易就接受浮于表面的回答，别犹豫，马上指出来。同样，如果你的同伙在发言，你要提供积极、有建设性的反馈。这么做并非要质疑对方，而是通过深入提问，让对方回答得更清晰，获得前进动力。

2. 有计划，无执行

写下行动固然重要，但若在下次会面中不回顾，很容易把行动抛诸脑后。所以，无论是什么原因导致你或同伙无法执行计划，双方都无须顾忌，可以直截了当地说出来。这样，你们便可以开始讨论如何重新执行，以及是否有其他执行方式。

问责式会面带给我的好处不胜枚举，比如，帮我成功找到合适的住址并迁居，帮我改善了办公场所的环境，让我加深了和朋友及家人之间的感情。和同伙谈论对自己最重要的事，不仅令我，也令千千万万人受益无穷。所以，本章的最后一个问题就是：你还在等什么呢？

CHAPTER. 13
你的极限在哪里

立大志能让你比想象中走得更远。在前文中，我提到自己曾连续 30 天，每天研究一个产品的用户初体验板块。这个故事还没结束。

那个月之后，我收获颇丰。有一天我骑车回家，突然萌生了一个想法：何不把我学到的写成文章，发表到网上？我给线上杂志《一单之隔》的编辑发了邮件。这个杂志在网页开发界有口皆碑，请他们发表我的文章就像要越过一堵高墙。但不试试怎么知道？出乎意料的是，他们欣然同意。那么，我的初稿就可以直接发表吗？并不是。最终发表时，只保留了初稿中的部分内容。《一单之隔》的编辑非常优秀、一丝不苟。经过好几周的修改和打磨，文章才得以发表。

文章发表后，我收到了几十位来自世界各地的开发人员的热情反馈。不仅如此，这个简单的 30 天项目还带来了各种意想不到的结果。几个月后，我竟然站上了挪威首都奥斯陆的演讲台，为满屋子的挪威人讲如何提升用户初体验的好感度。

本书的写作也来自一个 30 天项目。在写了 30 天博客后，我开始对写作产生兴趣，于是决定每天都写一篇推文。接下来一年里，我每天都会写关于开发优质网络产品或优化工作方法的文章，读者数量不断攀升。很快人们鼓励我更进一步，比如写书，我也一章一章地开始写，并且没有把之前写过的推文内容拿出来凑数——现在，这本书正摆在你的面前。

其实做一件大事并不困难，可以从在日程表上安排一次会面开始，可以从一封邮件、一件待办事项开始，可以从和同伙固定会面或每周复盘开始。总之，设定可行的目标，一步步靠近它，最终你会惊叹于自己所取得的成就。

学过前面那么多方法，现在是时候做点大事了。我们要勇敢地立大志，这能让你知道下一步要怎么走，而走出这一步后你会看到更多可能性，在看到更多可能性后可以设立更大的志向，如此循环往复。

先迈出一小步

柏杨·史莱特是一位年轻的荷兰发明家。他成立了名为"海洋清洁器"的初创公司，力求清除海洋中大量的塑料污染。史莱特高中时就写了相关论文，之后对这个问题一直很着迷。虽然他的人生有许多选择，但他决定全身心投入这个巨大难题中。

我很喜欢他的做事方式。他和团队尝试过各种不同的解决方案，一个方案行不通，他会愿意推倒重来。虽然一些无效方案遭到了人们的轻视和批评，但他没有放弃，不断向目标前进，并取得了实质成果，对这个重要问题也有了更清晰的认识、更卓越的观点。

梅特·利克以节约粮食为自己的使命，创建了名为"舍不得浪费"的初创公司。在她创建的 App 上，超市、面包店和餐厅可以低价出售没卖完的食品，而不用直接倒掉。

约纳斯·范·拉梅伦是阿姆斯特丹市议会议员，他发起了"省纸运动"。根据荷兰之前的相关立法，居民若不想接收纸质广告传单，可以在邮箱上贴上"不，谢谢"的贴纸。但拉梅伦成功地反其道而行。现在，居民要明确表示需要，才能收到纸质传单。因为这项举措，每年节省的纸张超过 11 万吨。

他们都是为了让世界更美丽而付出努力的人。虽然有人觉得他们是疯子，但他们依然勇往直前。

我希望你也尝试一下，为心之所向而志存高远。想环球旅行，就去计划。想创业，就去做。去解决世界难题，去组织活动为他人发声，去尝试新工作、新领域，去别的城市或国家生活。的确，追求远大目标并非易事，要耗费大量时间精力，否则人人皆可做到。但去做了，人生才会留下痕迹。所以，先勇敢地立大志，然后从小事开始，去做吧。

并非每件事都要马上完成

实现远大计划需要时间，而这正是我们想逃避的，因为谁都喜欢立竿见影。这太可惜了。我们并非没有时间，我敢说你肯定有十年、二十年，甚至五十年的时间去实现目标，想象一下那时候你会取得什么成就。比尔·盖茨说："大多数人都高估了自己一年能做到的事，却低估了自己十年能做到的事。"

将眼光放长远，也能给你休息的空间，尤其在承受重压之时。因为如果你希望马上做成一件事，今年、这个月，或者最好今天就能做成，便会备感压力。把眼光放长远，可以减轻压力。并非每件事都要马上做成，你可以一步步去实现更大的目标。问自己这个问题：哪种状态令你更满意？是在 30 岁前达到巅峰，然后开始走下坡，还是不断精进，75 岁前都在走上坡？

美国著名杂志《全球概览》的创刊人斯图尔特·布兰德在《万年钟》一书中提到了眼光长远的意义。他跟自己的基金会造了一个一年只走一格、每千年报时一次的钟。这是多么长远的眼光啊！他强调："若只以两年为界，有些目标是不可能实现的。可惜的是，大多数人都只给自己两年时间，如果给自己五十年时间，这些目标便容易达成。"

如果我们真的想出成绩，想为世界贡献自己的力量，就去思考更宏大的目标吧。这样，问题便不再是你是否能做到，而是你要做什么。然后，通过今天、这周、今年的努力来一步步实现它。

第二部分 笔记

找到自己的动力来源

- 写下你的使命：你看重什么？

- 写下你的激情：你喜欢什么？

- 写下你的技能：你擅长什么？

- 你想达成的成就中，哪些和你的使命、激情、技能相匹配？

- 什么具体的目标能帮你达成上述成就？

设定目标

- 问自己：我是否对此感到兴奋？

- 我要如何知道目标已经达成？

实现目标

- 确保自己清楚下一步要做什么，每一步都尽量迈得小一点。

- 设定切合实际的截止时间。

- 切勿一次设置过多目标。没有取得进展？那就删掉一些目标。

- 留出时间评估目标。

- 如果兴趣渐淡，可以修改目标。

进行策略性思考

- 你是否真的明白问题所在？

- 你是否研究过别人使用的方法？

- 你是否想到了替代方案？

- 你是否发现了自己的偏见并予以纠正？

建立个人的顾问矩阵

- 找合适的咨询对象。

- 提前拟定问题。

- 别轻易满足于对方的回答，问好后续问题。

- 谈话中记笔记，谈话后回顾笔记。

- 认真对待所得建议并加以运用。

- 尝试对方的建议后，给出反馈。

找到同伙

- 对方是你信任的人。

- 对方要善于倾听。

- 对方要能给你提供能量。

- 对方能有话直说。

第一次会面

- 会面形式是?

- 想讨论什么话题? 有哪些话题不能触碰?

- 会面频率?

- 希望从对方那里获得什么?

- 希望从会面中获得什么?

- 试验期多长?

会面时要讨论的问题

- 你正在努力实现哪个目标?

- 上周安排的行动执行得怎么样?

- 上周哪些事项进展顺利? 为什么?

- 工作中哪里可以做得更好?

- 如何在各种事项之间做出平衡?

- 如何成为更好的伴侣或父母?

- 下周要采取哪些具体行动?

附赠锦囊:

当有一天你开始带团队……

关于如何提升领导力的书不胜枚举,给出的策略也是五花八门。其实,所有管理者面对的都是类似的基本问题——身为管理者具体要做些什么?如何整合每个团队成员的职责?如何在日常工作中把控全局?

我在本书中讲过如何安排工作与生活,如何充分利用日程表、待办清单和电子邮箱等工具来做到事半功倍。但有一个话题尚未谈及——如何管理团队。我是有意不谈此话题的,因为这是一本对所有人都有用的书,并非只针对管理者。但我相信,本书介绍的方法能让你在工作中变得越来越优秀。总有一天,你会遇到如何管理团队这个问题。

在本章中,我想与你分享过去几年里我从新手经理向团队管理者转变的过程,介绍我吸取的经验和教训。身为管理者,你不仅有分内之事,还有幸能让其他人和你一起完成使命。请注意"有幸"二字。你必须意识到,不是所有事都能凭一己之力完成。

通过巧妙的工作方法，你当然可以完成大量工作，但由于边际效益，到了某个节点，哪怕你效率再高，产出也并不会大增。这时，就该组建团队了。

带团队的目标

身为团队管理者，最关键的是需要清楚自己的职责。通常来说，公司的各级管理者无论大小，都要做好两件事：把控产品或服务的品质，完成公司设定的目标。要理清这两项职责，可以问自己以下四个基本问题：

- 你负责的产品或服务是什么？
- "产品或服务质量"具体指的是什么？
- 公司的目标是什么？
- 哪些目标在你的职责范围内？

根据我的经验，公司业务中存在的误会多半是源于对这些问题的答案不一致。比如，你不认同公司制订的服务或产品质量标准，很可能是因为你的优先事项和你老板想要的不同。要解决这个问题，或是要一开始就避免这个问题，可以先试着自行回答上述四个问题，再对比上司的答案，这样你就能知道你们的想法是否一致。

能清晰回答上述四个问题，你就超越大多数团队管理者了。一旦你开始以团队为整体去提升产品和服务品质，进而实现公司目标，真正的奇迹就会出现。现在，让我们讨论一下具体该怎么做。首先，我们来看看 3P 模型。要保证工作质量，实现公司目标，管理者可以使用以下三种资源：

- 人员（People）—— 谁来做？
- 流程（Processes）—— 怎么做？
- 产品（Products）—— 做什么？

3P 模型常被用来对企业进行分析。下面，我们来逐一进行说明。

人员

恭喜！作为管理者，你有团队和你一起处理工作，无须事必躬亲。过去几年里，我注意到管理团队有两大要点：做好一对一面谈，适时结构性反馈。

1. 一对一面谈

这是我从英特尔公司原首席执行官安迪·葛洛夫的著作中学到的，你也可以称之为指导课程、谈心等。一对一面谈的形式可以多样，但核心就是每周和团队成员进行 30 分钟的谈话。管理者工作繁重，很难弄清楚每位团队成员的状态，但一对一面谈可以帮你按下暂停键，让你有机会和团队成员一起总结，还能加强你和成员的关系。管理并无约定章法，但无论你的管理风格如何，都要记得每周和员工一对一面谈。

你可能在想："等下。每周和每个成员面谈 30 分钟？那我这一周什么也别干了！"我不想否认，确实要花不少时间，但这一切很值得。从长期来看，一对一面谈能避免你和团队成员疏远。从短期来看，它也能带来诸多益处，比如，你无须再一天到晚回应员工时不时出现的问题和要求，因为他们会留到下一次面谈时一次性提出。这听起来不错吧？

以下是一些实用建议：

- 集中安排一对一面谈。我会集中安排在周三，这样虽然很累，但是其他时间你就不用再惦记着这项工作了。

- 不断增补笔记。我在笔记 App 中为每位团队成员都单独创建了笔记，每次会面后都在笔记中写上两句。

- 在待办清单中添加标签。第二章中我讲过在待办清单里添加标签的方法，现在就可以运用起来。这样只要通过简单筛选，就能马上知道一对一会面时要和特定的人讨论什么内容。

- 将一对一面谈作为优先事项。无论发生什么，每周都要尽量安排会面，因为你和团队成员之间必然会有待讨论的事项。再者，如果会面一直改期或取消，团队成员便会明显感到不被重视。

团队多大为好？

你或许无法决定团队的规模，但我建议直接向你汇报的人数不宜超过 8 人。关于团队人数，亚马逊创始人杰夫·贝佐斯提出了"两份比萨原则"，即团队人数不能多到两份比萨饼都不够吃。臃肿的团队无法好好工作，团队成员也无法获得管理人员周全的引导。若你的团队有 8 个人，和他们进行一对一面谈只要花费一下午时间。

如果你的团队成员确实很多，那你可以每两周进行一次面谈，虽然效果不如每周一次，但也比完全不做安排、只在茶水间随便聊上几句要好得多。

2. 结构性反馈

布兰道公司很重视反馈，在探寻有效的反馈模式上投入了大量时间精力，建立起提出积极反馈和建设性批评的企业文化。我们欢迎即时反馈，同时每年还安排两次固定时间来提出和收集结构性反馈，具体步骤如下：

- 全体员工做自我评估，并回答这三个问题：我给布兰道做出的最大贡献是什么？我的哪些事项进展得很顺利？我在哪方面可以做得更好？
- 各团队的管理者为自己的成员写反馈。
- 每位员工从其他团队中任意挑选两三名同事，请他们按照跟管理者相同的格式，再写一次反馈。
- 提交后，团队成员可以看到来自同事和领导的反馈。
- 团队管理者安排与每位成员的面谈，讨论反馈内容。这种针对结构性反馈的面谈不是绩效评估，不与员工晋升或提薪挂钩。
- 会议由反馈对象主导，因为他们要从反馈中学习，自然应由他们主导谈话。谈话目的是解读反馈、回顾反思、展望未来。
- 会后，团队成员要结合反馈设定下一季度的个人目标。团队领导可以引导成员，并帮助他们实现目标。

有人喜欢在工作过程中进行即时反馈，因为无须准备，也省去安排时间的麻烦。但经验告诉我，这样做的效果并不好，因为即时给出的反馈往往未经深思熟虑。想要给出有价值的反馈，就必须耗费时间和精力，别无他法。

以下这几点能帮助我写出有价值的反馈：

- 针对每位成员做笔记。养成习惯，记录下具体的观察内容（无论好坏）。平时，我会用笔记 App 来记录，等到写反馈时，这些笔记就能帮上大忙。

- 提前安排写反馈的时间。写反馈是一项重要工作，必须要留出足够时间（尤其是你没有好好做笔记的话）。我还会另外留出时间来打磨所写的反馈，毕竟第一稿有可能言辞模糊、欠缺考虑，但第二稿往往就能解决这些问题。

- 你想传递的最重要观点是什么？动笔前，先想清楚：我最想表达的是什么？我希望对方从我的反馈中、我们的谈话中获得什么？删掉模糊和不重要的反馈，也删掉可能被误读的内容。

- 不要出其不意。这是写反馈的经验法则，要确保反馈的内容都已在每周一对一面谈中提到过。如果平时你和团队成员经常沟通，加上反馈的内容已在之前的会面中提过，在结构性反馈时就无须讨论新问题，而是可以集中讨论未来几个月的成长机会。

- 读其他人写的反馈。布兰道公司给每一轮反馈都设定了截止时间，让大家能好好准备面谈。在面谈前，一定要花时间通读并充分理解别人认真写的反馈。并且，请在日程表中为这件事安排时间。

一份真诚坦率、深思熟虑的反馈，再加上开放积极的谈话，会对团队成员的个人表现、团队整体表现以及你本人产生巨大影响。

3. 找到人才

无论你在激励团队方面多么熟练，还是会遇到这种情况：所有人已经拼尽全力，但还是没能完成任务，需要增派人手。然而，要找到合适的人并非易事。

2017 年，我致力于团队扩张，但在人员配齐后，我便不再对招聘上心。2018 年，我发现有些板块需要额外人手，但由于招聘事务搁置已久，只能从头再来。这大大耽误了工作进度，我只好在人手不足的情况下埋头苦干了好几个月。

我希望你千万别和我犯一样的错误。要随时留意人才，也就是说你要结交新人、拓展人脉。如果等到用人之际才想起来，可就太晚了。

职位越高，就越要多花时间找人才。人才在手，能让你事半功倍。虽然你可以使用一些巧妙的工作方法来提高效率，但是找到合适的人，你才能得到解放，效率才能飞升。与人才共事是你作为管理者可以给自己最棒的礼物，你的工作也会因此变得乐趣无穷。

现在所认识的人才，在未来都可能成为你的同事。所以去认识新人吧，邀请别人喝咖啡、加大在人际关系上的投入吧。结交朋友除了收获乐趣，还会得到人脉，为今后积累宝贵的资源。

那么，如何找到合适的人才呢？以下几点可以帮助你：

- 公布在网上的职位描述要坦诚清晰。虽然很多合适的人未必在网站上找工作，你可能还要通过其他方式招聘人才，但是发布完整、有吸引力的招聘广告仍然很重要。布兰道公司会在广告中写出新员工可能会遇到的具体挑战，这样不仅补充了职位描述信息，还让应聘者更有热情。我们还会使用优质的在线工具，让招聘广告更专业，申请流程更简易，并能追踪应聘人的申请进度。

- 主动寻找合适人选。最合适的人选往往对自己目前的工作很满意，并没有想跳槽，因此，你要主动找到他们，让他们对你的团队和公司感兴趣，说服他们进行深入了解。

- 将团队多样化置于首位。光是讲清楚这一点就可以单独写本书。简单来说，成员多样化有助于提高团队整体表现。因此，不要只雇用和你同类型的人，请尽量雇用不同背景、性别、性格的人。

- 面试的第一个人基本上都不是最合适的。我常常遇到这样的情况，面试了一个人就感觉非常契合，觉得他是最佳人选，恨不得当场录用。但事实上，正确的做法是再面试两到三个人来进行对比。随着面试的人越来越多，我发现自己对该岗位的认识以及对候选人的看法往往会发生变化。

- 记得和推荐人交谈。和应聘者的一到两名推荐人交谈，是对应聘者背景调查的有效补充，能让你更深入地了解这个人的工作情况。有时，推荐人提供的信息能帮助你做出最后决定。对于应聘者来说，这也说明你认真对待了他的申请。

- 避免独断。为团队招聘新员工时，最好让其他人和你一起做决策。比如，可以请其他部门的人和你一起面试，看看应聘者是否与整个公司文化相契合。你甚至可以找公司之外的其他人来帮忙，比如我有一些朋友就非常乐意电话参与面试，为我提供他们的想法（当然，前提是应聘者要同意）。

- 疑人不用。如果在面试中并非所有人都同意录用某人，那就不要录用。无论你多么需要人手帮忙，不符合团队标准的应聘者只会越帮越忙。

- 使用社交媒体。我在布兰道公司找软件工程师时，总会到 GitHub 这个软件工程师聚集的社交平台上看看，每个月还会在程序员新闻网站上发布招聘信息。我还会使用 Meetup.com 网站，这简直是个人才库，上面有很多针对不同兴趣的人群开展的活动，从运动迷到 App 开发者都有。无论工作内容是什么，总有一个网站是相关从业人员的聚集地。找出网站中活跃的人，看看他们的帖子和个人资料，很快你就能拥有一份候选人名单。

- 给候选人发送专属信息。你有没有收到过一些招聘企业的邮件，一看便是群发，有的甚至连你的名字都写错了？为避免此类问题，作为招聘者，我有一个写了很多标准化内容的文档。给候选人写邮件时，我会从中选出一些句子，然后针对候选人进行修改。个性化的方法有很多，比如，可以提到对方过去的公司，告诉对方你和他一样喜欢滑雪，或者直言你喜欢他发的某篇业内分析帖。这些都能表明你发给对方的邮件并非随便撰写，而是经过了深思熟虑。

简而言之：花时间找合适的人才，这样，你的团队就能实现跃进。

流程

经理要对产品或服务质量负责，也要对提供产品或服务的速度负责，因此需要靠谱的团队和科学的流程。优化流程可以从两方面入手：前置时间和周期时间。前置时间指任务启动前的等待时间，周期时间指完成该任务的用时。

要实现管理目标，提供优质的产品或服务，需考虑两个关键因素，一是这项工作用时多长，二是何时何处会遇到何种阻碍。了解工作流程就足以改善工作，若仍无法改善，可以看看团队流程中的症结所在，思考如何提升效率，是否有一些步骤耗时过长（比如获得团队外某人的批准）。

工作耗时过长的原因有很多，但罪魁祸首往往并非工作内容本身，而在于低效沟通。只有做好沟通，工作才算完成。这句话成了我管理团队的格言。

过去这几年让我明白，保持流程顺畅至关重要。要做到这一点，可以借助一个很有效的工具：每周启动会。

1. 每周启动会

我通常会尽量避免开会过多，因为这会浪费团队的时间。但是每周启动会一定要开。我坚持每周一上班的第一件事就是开启动会，这对于团队很关键，能让全体成员同步信息，且耗时不需太长。

我会提前在共享的谷歌文档中列出议程，方便全体成员查看或提出新事项。启动会上会使用谷歌PPT，但制作并不麻烦，因为每周我们都会在原有PPT的基础上更新，用不着重新做。

启动会的第一个环节是问候。我喜欢在启动会开始前跟大家一起聊聊周末过得怎么样。这种"闲聊"能帮助你了解团队成员的状态。之前没有问候环节时，就出现过这样的情况：会快开完了，才发现有人因为周末过得很糟或工作中有心结未解而烦躁。这样的状态往往会对讨论和决策产生负面影响。当然，问候时间要控制在10分钟左右，以免启动会变成吐槽大会。

接下来是数据时间。我会和团队一起回顾上周的关键绩效指标，数据由专人收集，并在启动会前添加至PPT。理想情况下，这些数据和你的目标直接相关。

除了回顾定量数据，我和团队也一直会跟进用户对我们产品的看法。为此，每周我们都会阅读相关支持团队提供的简报，内容包含了用户的提问和反馈，是很重要的一手资料。支持团队会用几页PPT来总结上周重点，我们将其添加到会议PPT中，在会上讨论需要采取什么行动。比如，有人发现我们的App有一个问题需要修复，那么相关人员就可以在启动会上得知此事。这样的做法能让团队更清楚本周工作的重点。

我们还会梳理所有进行中的项目，每个项目都会整理在一页PPT上，内容包括项目名称、负责人（团队成员）、截止时间、当前状态、下一步安排等。我们会逐页讨论，让所有人都能获得最新信息，并提出想法或问题。

项目名称：Adyen支付 → Stripe支付

负责人：诺拉

截止时间：增售及体验—2月21日

当前状态：正常

项目内容：将安卓支付方式由Adyen支付更换为Stripe支付

- 运行中

梳理好项目后，就可以讨论共享的谷歌文档中记录的其他事项。最后，团队成员要逐一快速回答以下问题：

- 本周你的优先事项是什么？
- 你觉得现在团队是在做该做的事吗？
- 你担心的问题是什么？
- 这周你的动力来自哪里？

这个简单的环节是启动会最棒的一环，能让大家很自在地提出问题和疑虑。把和动力有关的问题留在最后，能让会议在积极向上的气氛中结束。

当然，我们的启动会内容未必完全适用于你。你可以从简易版入手，逐渐再添加能提高会议效率的环节。最重要的是，要积极尝试，并在过程中不断调整。

2. 不要事无巨细

通过每周启动会，管理者可以很好地指引团队工作，但要做的可不止于此，还需要关注项目进度，思考自己要给多少指引，如何把握好度，什么时候可以放手让别人去做。作为管理者，我很重要的一项工作就是要正确合理地分配工作。老实说，我是个细节控，事无巨细都想插手，总是纠结于什么时候接手、什么时候放手。

针对这个问题，我学习了有名的"情境领导"模型，简单来说就是：若下属已掌握，就放手让他去做；若下属仍在摸索，就给他提供指引。坦率地说，我尚未完全掌握交办与管理的艺术，但已经越来越明白领导力的精华在于真正了解团队成员，并根据成员的特点调整管理风格和方法。

以下是情境领导模型的要点：

- 别混淆干劲和专业度。拥有热情和能量不等于知道怎么做。如果你不确定某个下属是否知道怎么做，可以直接询问。

- 养成多问的习惯。提问能让你快速了解下属是否清楚要做什么，是否需要帮助，同时也给了你了解其独特想法的机会，你就能为实现这些想法创造条件。

- 明确截止时间。管理者常常担心自己干涉了团队自由，于是不知道是否应该设定截止时间。我建议你别犹豫。即使团队有极强的专业性，但若没有截止时间，他们就会先去处理不重要的事项。除了设定截止时间，你还可以在项目进行到一半时和团队一起回顾进展。最重要的一点是，如果其他团队需要你们在某个时间节点先完成任务才能启动他们的工作，那就要尽早将这个时间节点告知你的团队，以免所有人都优哉游哉，而你却急得火烧眉毛。

- 告诉团队你无法放手的原因。如果你和我一样事无巨细都一一过问，不妨先想想是什么加重了自己的不安。对我来说，如果团队不及时向我汇报进度，或者他们没意识到我有多着急，我就更加无法放手让他们去做。这个问题其实很好解决——和团队说明想法，让自己能够放手。

在事无巨细都要管和大小事情都不管之间有一个折中点——知道要给下属多少引导，知道什么时候要放手。这个折中点并不那么好掌握，但它是成为优秀管理者的重点。当然，无论团队在做什么，你必须参与其中、了解情况。但总的来说，如果下属清楚要做什么，你就应该尽可能放手。

产品

如果不细致讨论产品或服务，这章的内容就不会完整。诚然，成功离不开团队和可靠的工作流程，但如果没人购买你们的产品或服务，一切努力就毫无意义。管理者能最大程度地影响产品或服务是否取得成功，这种影响往往比你比想象得还大。

想要产品或服务大获成功，可以参考以下的三个招数。

1. 重点聚焦

作为管理者，我学到的最重要的一课就是，想快速成功，切勿大包大揽。我之前都只强调你个人不要大包大揽，将时间投入在重要事项上，其实你还要引导团队去合理地分配时间。以下两点建议可供你参考：

- 做团队的守门员。帮助团队排除干扰，可以提高工作效率。团队在要事上投入的时间越多，有效产出就越多。因此，要主动为团队拒绝不相关的事务，如不符合团队目标的要求或无意义的会议等。
- 做团队的指南针。你为团队布置任务，但团队成员也在不断地选择自己下一步要做什么。他们的选择是最好的吗？你的建议可以帮助成员分辨要事。除了每周启动会和一对一面谈这两种做法，你还可以发挥创意，去选择何时、以何种方式和团队成员进行沟通。

2. 为思考留出时间

作为管理者，我们很容易会优先处理当下事务，毕竟，那些邮件、任务和问题不会凭空消失，而且很多情况下只有你能解决。如此一来，你往往首先牺牲的就是自己的思考时间，从长期来看，这么做会产生灾难性后果。虽然你确实任务繁重，但是不能因此而牺牲了最为重要的思考时间。要提供更好的服务和产品？那就留出时间思考更宏观的问题。这容易做到吗？当然不容易。但只有这样做，你才会更具优势，团队才能进步。以下三点实用建议帮我更好地为思考留出时间：

- 列出重大问题清单。可以在待办清单或笔记 App 中列出你想要思考的重大问题。如果在和别人交谈时出现必须思考的重大问题，要随时记录在清单上。

- 可以试着留出 90 分钟时间专门用来思考。有一次，我留出了整个上午的时间来思考，但这样做并不能让我充分利用这段时间。于是我将时间压缩到 90 分钟，这样的紧迫感能让大脑高速运转。而且 90 分钟后，大脑也需要休息了。

- 另找地方进行思考。本书已谈到所有会影响工作质量的因素，如工作的时间或工作环境。为思考另找一处场所，看看会产生什么效果。养成习惯后，这种效果还将进一步加强。比如，你可以在家里的厨房或最喜欢的咖啡店做脑力工作，养成习惯后，一进入这个场所，你就能够进入思考状态。

3. 寻求建议

大多数人都知道这一招，但都是"我知道该这么做，但我不去做"。这一招包含寻求建议和分析替代方案，我在前面的章节中已经具体谈过。简而言之：

- 要做新项目？不妨去听听新鲜建议吧。在迎接工作中的新挑战时，可以听听公司以外的人怎么说。你可以至少找一个这样的人，比如你很熟悉的导师，或是一位相关领域的行家。这样的聊天不会花很长时间，但能帮你避免未来可能出现的各种麻烦，还会让你的工作达到新高度。
- 耳听八方。管理者有时很像航空管制员，飞行员掌控操纵杆，但你掌管着空中交通。因此，你需要有获取各种信息的渠道。换言之，你需要一个容纳所有信息的仪表盘，上面不仅有内部信息（项目进展如何），也要有外部信息（竞争对手在做什么，哪家企业是行业领军者）。

使用一个好系统，并且边用边调整，能让你拥有清醒的大脑、平静的内心。这是贯穿本书的观点，适用于管理自己，也适用于管理团队。召开有效会议（取消浪费大家时间的会议），能让团队产出最大化；经营和每位团队成员之间的关系，找到方法让共同目标成为每个人的工作重心，能让团队表现最优化。

带团队绝非易事，但我希望本章的观点可以帮你找到新方法，让团队顺利运转，让你摆脱消沉沮丧，和团队一起向着目标，火力全开。

致 谢

　　本书集合了我学到的经验教训、读过的书、我与好友以及有幸共事的人讨论出的想法，我希望它能带你走得更远。这本书的出版离不开亚历山大·克洛平及恩斯特·普法斯（Ernst—Jan Pfauth）的鼓励。哈尔民克·门多普（Harminke Medendorp）为我提供的帮助，我也将永远铭记在心，是他帮我理清思路，使内容更连贯易读。感谢露丝·伯格曼（Ruth Bergmans）和马丁·里歇尔（Maarten Richel）让这本书在荷兰大获成功，感谢艾瑞克·摩尔（Erica Moore）和伊丽莎白·曼顿（Elizabeth Manton）将本书译为英语，让这本书能被更多人看到。如果你读到一些好词好句，那都得归功于他们。我还想感谢位于荷兰杜廷赫姆的圣威利布罗德修道院，这个安静的场所让我能够认真思考、专心写作，我希望未来还能经常回去。感谢德克。德克从 2014 年开始成为我的"同伙"，是他在每周会面中不断鼓励我，让我最终写完了这本书。我在书中已经花了大量笔墨阐述问责式会面的作用，但本书的完成才是一个最好的例子。我希望我俩的每周会面可以一直持续下去。最后，我想感谢我美丽的妻子琼，是她给了我空间，让我能无尽地探索自己的想法。

瑞克·帕斯托 | Rick Pastoor

荷兰企业家，19 岁创业，25 岁加入初创阶段的荷兰著名传媒企业布兰道公司（Blendle），担任产品总监。他参与策划的新闻业商业模式，很快产生国际影响力，使公司与《经济学人》《华尔街日报》《纽约时报》等国际知名媒体建立合作关系。

后来，他总结了把布兰道公司从初创小公司发展成传媒业黑马的全套工作法。目前有图书、线上线下课程、App 等全套体系。

这套靠实战打出来的有效方法已风靡荷兰，正在世界范围内产生影响力。

当一天优秀的人

作者 _ [荷] 瑞克·帕斯托　　译者 _ 庄惠敏

产品经理 _ 谭思灏　　装帧设计 _ 肖雯　　产品总监 _ 木木

技术编辑 _ 顾逸飞　　责任印制 _ 陈金　　出品人 _ 吴畏

物料设计 _ 肖雯

果麦

www.guomai.cc

以 微 小 的 力 量 推 动 文 明

图书在版编目（CIP）数据

当一天优秀的人 /（荷）瑞克·帕斯托著；庄惠敏
译 . -- 成都：四川文艺出版社，2022.8
ISBN 978-7-5411-6388-3

Ⅰ . ①当… Ⅱ . ①瑞… ②庄… Ⅲ . ①工作方法—通
俗读物 Ⅳ . ① C913.2-49

中国版本图书馆 CIP 数据核字（2022）第 107532 号

版权合同登记号：图字：21-2022-223号

DANG YITIAN YOUXIU DE REN

当一天优秀的人

[荷]瑞克·帕斯托 著　庄惠敏 译

出 品 人　张庆宁
产品经理　谭思灏
责任编辑　陈雪媛
封面设计　肖　雯
责任校对　段　敏
出版发行　四川文艺出版社　（成都市锦江区三色路238号）
网　　址　www.scwys.com
电　　话　021-64386496（发行部）　028-86361781（编辑部）
印　　刷　天津丰富彩艺印刷有限公司
成品尺寸　145mm×210mm
开　　本　32开
印　　张　7.5
字　　数　160千
印　　数　1—9，000
版　　次　2022年8月第一版
印　　次　2022年8月第一次印刷
书　　号　ISBN 978-7-5411-6388-3
定　　价　49.80元